DU MÊME AUTEUR

Aux Éditions Gallimard

LA SAGESSE ESPIÈGLE, 2018.

Aux Éditions du Cerf

ÉLOGE DE LA FAIBLESSE, 1999 (Marabout, 2011).

Aux Éditions du Seuil

LE MÉTIER D'HOMME, 2002 (« Points Essais », 2013).
LA CONSTRUCTION DE SOI : UN USAGE DE LA PHILOSOPHIE,
    2006 (« Points Essais », 2012).
LE PHILOSOPHE NU, 2010 (« Points Essais », 2014).
PETIT TRAITÉ DE L'ABANDON : PENSÉES POUR ACCUEILLIR
    LA VIE TELLE QU'ELLE SE PROPOSE, 2012 (« Points Essais », 2015).

Aux Éditions du Seuil / L'Iconoclaste

VIVRE SANS POURQUOI : ITINÉRAIRE SPIRITUEL D'UN
    PHILOSOPHE EN CORÉE, 2015 (« Points », 2017).

Aux Éditions L'Iconoclaste / Allary Éditions

TROIS AMIS EN QUÊTE DE SAGESSE, avec Matthieu Ricard et
    Christophe André, 2016 (« J'ai lu », 2018).
À NOUS LA LIBERTÉ, avec Matthieu Ricard et Christophe André, 2019 (« J'ai
    lu », 2021).
ABÉCÉDAIRE DE LA SAGESSE, avec Matthieu Ricard et Christophe André,
    2020.

Aux Éditions Textuel

LA PHILOSOPHIE DE LA JOIE, commentaire de Bernard Campan, livre
    sonore, 2008.

CAHIERS D'INSOUCIANCE

ALEXANDRE JOLLIEN

CAHIERS D'INSOUCIANCE

GALLIMARD

© *Éditions Gallimard, 2022.*

À Corine, Victorine, Augustin et Céleste,
grâce à eux.
À mon frère Franck et à Chantal,
À tous les êtres vivants...

À la mémoire de Jean Frey.

Introduction

CCL

« Lorsqu'on n'est pas à la recherche d'un rempla-
cement ni d'une solution de rechange à ce qu'on
vit, on est satisfait. Cela apporte une santé naturelle,
une santé intégrale. Le manque de santé est lié à la
recherche d'autres solutions. Être satisfait de sa santé
fondamentale, c'est s'apprécier soi-même et apprécier
ce qu'on a déjà naturellement. »

Chögyam Trungpa, *Shambhala*[1]

Homo fit, non nascitur. C'est Érasme qui le dit! On ne
naît pas achevé, complet, on le devient... à coups d'expériences, d'exercices, de rencontres, d'imprévus, d'errances,
de faux pas. J'ai plutôt l'impression que je dois me défaire,
déposer, quitter, abandonner.

D'où ces *cahiers* ouverts à tout...

---

1. Seuil, Points Sagesses, 2014, p. 95.

Dicter des *kakaotalks*[1]... dicter, dicter. Avec le culot d'un Witold Gombrowicz.

Cours de philosophie en six heures un quart... J'adore. Il passe à tabac les grands penseurs de la philosophie moderne avec un cran, une audace incroyables! Il faut dire qu'il n'a pas trop le choix Witold. Rongé par un mal qui lui dévore les poumons, il fonce droit au but, sans vernis.

Surmoi, corset social, censure, pressions communautaires... Se débarrasser des freins dans un *journal* à poil, *façon puzzle.*

Par une nuit d'épais mal-être m'est venue l'idée de *kakaotiser*, histoire de me dépouiller, me désencombrer le cœur.

Au cinquième étage d'un immeuble, j'ai eu peur de vouloir en finir définitivement avec mes tiraillements. Craignant de me payer un irréparable vol plané, j'ai eu le réflexe de déposer sur le rebord de la fenêtre un livre de Trungpa Rinpoché. Sacré parachute qui devait me dissuader de sauter! Entre mes affres et le vide, un rempart, un filet de sécurité, un immense guide pour me dépêtrer des psychodrames...

CCL, couldn't care less[2]. Rien à battre!

---

1. KakaoTalk est la version coréenne de WhatsApp. Très pratique, cette application qui cartonne au pays du matin frais offre notamment la possibilité d'envoyer des mémos vocaux.
2. Littéralement : « (Je) ne pourrais pas m'en soucier moins ». On pourrait rendre l'expression par « C'est le cadet de mes soucis » mais cela impliquerait que des soucis, on en a. Autres traductions possibles : « (Je) m'en moque éperdument »,

Deux grands chantiers pour ces cahiers d'insouciance :

a) À part le dharma et la compassion, s'en foutre carrément de tout... Suivre Chögyam Trungpa qui passait ses journées à accueillir tracas et soucis avec un tonique *CCL*.

b) S'engager, contribuer à une société plus éveillée et comme dit Trungpa faire passer l'autre, toujours, avant soi, avant mon intérêt, avant moi...

Dans les *kakaotalks* qui devraient suivre, je souhaiterais explorer cette voie un brin contradictoire : progresser vers la *non-peur*, plonger dans l'insouciance, prendre refuge dans la vacuité pour emprunter un terme bouddhique, et : retrousser les manches, travailler hardiment à une société plus solidaire, moins noyautée par l'individualisme.

Diogène le Cynique, Nietzsche... ces deux flamboyants précurseurs montrent bien qu'il est possible de concilier *amor fati* et coups de marteau, dire oui et aussi se rebeller...

D'ailleurs, tout est lié...

*

Chaque jour, j'enfile mon casque et fonce sur les chemins de Nietzsche... Des heures à dévaler les pentes en

---

« (Je) m'en fous », « Rien à battre », « Rien à secouer »... À noter l'absence de « je » dans l'expression anglaise.

écoutant celui qui m'aide à voyager léger, sans regret, loin du mépris de soi.

Parmi une foule de titres de travail, Nietzsche aurait planché sur « Les cinq cent mille opinions ». Homme de fulgurance, en musique comme dans ses écrits, il ne prisait guère les systèmes. À l'heure d'attaquer les cahiers de mes *divagations*, ses mots : « *La seule chose qui soit nécessaire.* Une seule chose est nécessaire à avoir : ou bien un esprit léger de nature ou bien un *esprit rendu léger* par l'art et la science[1]. »

J'adore ce grand pacificateur qui réconcilie avec le monde, le tout. Des après-midi entières en sa compagnie me requinquent, me retapent.

Cinq cent mille pensées, cinq cent mille opinions... Laisser jaillir tout ce qui agite un cœur.

Dans *Par-delà bien et mal*, Nietzsche compare les pensées à des oiseaux... Pourquoi vouloir les attraper, les mettre en cage[2] ?

Sacré guide, ce penseur aux épaisses moustaches. Je l'écoute pour traverser les montagnes russes.

Hier, j'ai rencontré un spécialiste du prophète de l'éternel retour du même... hyper sympa... J'ai eu l'impression que

---

1. Friedrich Nietzsche, *Humain, trop humain*, paragraphe 486.
2. Friedrich Nietzsche, *Par-delà bien et mal*, paragraphe 296.

Nietzsche était avec nous, parmi nous. Partout, sa présence, son aura, son charisme m'attirent.

Qui est-il sous les préjugés, les caricatures et les erreurs ? Les premiers philologues qui se sont attaqués à déchiffrer ses copieux manuscrits se sont souvent plantés. Par exemple, on me dit qu'ils ont cru lire « sales juifs », là où le penseur avait écrit « bataille de Sedan[1] ». Quelques lettres griffonnées en allemand permettent la méprise, totale...

Ça me révolte ! Lui qui était si activement *anti-antisémite*...

Incompréhension de dingue ! À se retourner dans sa tombe... Sa sœur, flairant le bon coup, est allée jusqu'à donner la canne du philosophe à Adolf Hitler.

Récupération, trahison post mortem complètes.

Même six pieds sous terre, on le piétine, on le salit.

Le type devait être assez *insupportable* quand même. Délicat, toutes antennes dehors, hyper sensible aux climats, à la nourriture... perdant ses amis les uns après les autres... C'est pourtant lui qui m'arrache à mes pseudo-sécurités, lui qui m'apaise.

★

---

1. « *Schlacht von Sedan* » au lieu de « *Schlechte Jude* ».

Cinq cent mille pensées. L'anxieux glisse du « si » au « c'est » en un tour de bras...

Peinard, je me balade en forêt. Et tout d'un coup, l'idée se pointe. Et si j'avais marché sur une chauve-souris? Enchaînement, engrenage... C'est sûr, j'ai marché sur une chauve-souris. Ça n'arrête pas. *Si* la chauve-souris avait la rage... La chauve-souris a la rage... Parasyllogisme *débile*. À force de macérer dans les *si*, ils acquièrent une réelle épaisseur. Ça doit exister puisque j'y pense...

Étrange, cette sorte de *preuve ontologique*, de raisonnement par la peur! Si j'y songe, c'est que ça doit être vrai. Infernal, vraiment. Comment argumenter contre des chimères, de la fumée, du vent...?

Logique complètement illogique, irrationnelle... mais qui, hélas, tient la route. S'il existe un risque même sur un million, même sur un milliard, je suis preneur tant qu'on ne m'a pas prouvé le contraire.

Infinie puissance de l'imagination... Pourquoi ne pas contrecarrer ces sombres scénarios à coups de pensées positives?

Je m'esquinte à sécuriser le monde et je me chope une allergie, une intolérance à l'incertitude...

L'exercice, la pratique? Suspendre l'action, s'abstenir de sécurité, accueillir mon besoin de terre ferme, solide.

L'angoisse, tournant à vide, finit par acquérir une réalité autonome, indépendante de la volonté, de la raison. Un corps étranger...

Durant ces crises, rêve d'un grand consolateur qui m'injecte un discours bienveillant, « Tranquille, tranquille ! ».

Pour mon malheur, j'ai tendance à voir dans l'optimisme une naïveté... Quoi, l'angoisse et ses délires, ce serait ça la lucidité ?

Texto en plein séisme : « Cher Olivier, j'espère que tout va bien pour toi. Mille excuses pour cette question un brin saugrenue, je le conçois. Après une promenade en forêt, j'ai peur d'avoir marché, sans m'en apercevoir, sur une chauve-souris qui aurait la rage et d'avoir ramené sous mes chaussures du sang de l'animal qui, s'il entrait en contact avec la muqueuse buccale ou une plaie de mes enfants, ferait qu'ils meurent dans d'atroces souffrances. Peux-tu me rassurer ? Merci d'être là. »

J'ai bien imaginé une thérapie pour phase critique : s'allonger et exprimer, gueuler, évacuer les peurs. Mais coupé du ressenti je tourne en rond, cherchant désespérément une réponse rationnelle. Impuissant, démuni, malgré Trungpa, Nietzsche et toute la clique... Demain, la nuit aidant, j'aurai complètement oublié ce délire, mais ici et maintenant, j'y crois dur comme fer...

Origine du problème : chercher une sécurité qui n'existe pas.

La machine à tondre le gazon de mon père... à coussin d'air... On l'allumait, une hélice s'activait et l'engin décollait. Il s'envolait, glissant, flottant dans les airs, loin du sol, sans adhérence, garanti sans choc...

J'aimerais un coussin d'air, des amortisseurs...

*

Comment aimer loin de l'attachement et des spasmes du cœur? L'insouciance m'effraie. Je sens qu'elle ne peut jamais durer. Sans un tracas, je me retrouve à poil, vide.

«Papa», je sursaute parfois en entendant ce doux mot. Rien ne me destinait à cette *carrière*, cette vocation. Qui aurait parié un kopeck sur ce bonhomme qui déambulait dans les couloirs de l'institut en poussant un rollator, la tête constamment empaquetée dans un casque de mousse beige? Lui, il aura des enfants?

Victorine, Augustin et Céleste m'ont fait père.

À la maison, en famille, pas de handicap, aucun stigmate, rien! Mais dès que je mets les pieds dehors, *la société*, *les autres* se chargent de me rappeler *la différence*!

Un soir, un peu lourdaud et bien fatigué, j'ai demandé à ma fille de cinq ans : «Va s'il te plaît au frigidaire chercher un yaourt pour le handicapé!» Sa réponse m'a transpercé : «Mais, papa, tu n'es pas handicapé!» Dans son esprit, au fond de son cœur, il n'y avait pas encore ces grossières étiquettes, le pesant attirail de concepts qui catégorisent, excluent, mettent à part.

Convertir les regards? Peut-être est-ce, pour un adulte, désapprendre, retrouver, rejoindre une innocence, une ouverture, se rendre intérieurement disponible! *Un sage est un enfant avec l'illumination en plus*, dit Swâmi Prajnânpad[1]! Sans puérilité, sans les caprices!

Papa! Qui grimpe le long de ce tronc? Lui? Moi? Mon fils se hisse de branche en branche, au sommet d'un arbre... Je tremble sous le chêne sans voir, sans admirer son agilité. Je projette à tire-larigot. Je m'imagine à sa place, tout là-haut, à trois mètres du sol.

Cesser de tout contrôler, est-ce vraiment sans risque? Qu'est-ce qui nous le garantit?

---

1. *Les Formules de Swâmi Prajnânpad*, La Table Ronde, 2003, p. 128.

Y A DU BOULOT !

« Permettez aux enfants d'être ce qu'ils veulent.
Ne fermez jamais la porte au dialogue. Qu'ils fassent
tout ce qu'ils veulent, qu'ils apprennent tout. Mais
laissez-leur la liberté, la possibilité de parler ouver-
tement. Et vous, ayez l'ouverture d'esprit d'écouter
et d'expliquer de manière non passionnelle ! Qu'ils
soient libres, c'est tout. »

Swâmi Prajnânpad, *Vers la réalisation de soi*[1]

Un enfant n'est ni une annexe de soi, ni un adulte en
miniature. C'est un être libre, infiniment libre.

Une âme d'écorché vif, d'angoissé majeur peut-elle oublier
l'hyper-contrôle, s'affranchir des peurs et libérer ? Un cœur
doit-il fatalement vivre dans d'incessants déchirements ?

Dédramatiser, en rire... : si mon esprit bat la campagne,
ce sont mes délires, mes *trips*. Il n'y a rien de réel quand

---

1. La Table Ronde, 2009, p. 194.

je me mets à prendre des vessies pour des lanternes et des grains de beauté pour des mélanomes malins !

Kierkegaard écrit qu'Adam et Ève, avant le péché, dans leur innocence originelle, n'avaient rien contre quoi lutter. L'absence de combat, voilà le paradis ?

Les enfants, des *maîtres en insouciance* ? En tout cas, ils ne se couchent que très rarement en songeant à leur carrière, à la situation financière, au lendemain.

J'adorais les observer, petits, rejoindre l'école en gambadant. Jamais vu un adulte se rendre à son boulot en gambadant...

*

Coup de massue psychiatrique : « Votre niveau d'angoisse, monsieur, c'est du très, du très très lourd, c'est même carrément terrible ! »

Au fond, c'est stimulant, presque réconfortant ! Voir que je fais fausse route, que je suis en train de foncer droit dans un mur ! Ne plus s'obstiner, oser d'autres chemins vers la *non-peur* !

CHANGER DE TACTIQUE

> « Je me sens comme doit se sentir une pièce d'un
> jeu d'échecs lorsque l'adversaire dit : cette pièce ne
> peut pas être déplacée. »
>
> Søren Kierkegaard, *Ou bien... ou bien...* [1]

Shunryu Suzuki Roshi, l'éveil avant l'éveil [2]... Ne pas
attendre d'avoir liquidé tous nos bobos intérieurs, ne pas
conditionner la joie à quoi que ce soit...

Cesser de vivre comme un joueur qui ne songe qu'à
décrocher le gros lot. Ne plus attendre la réussite, le grand
amour, une sécurité, la paix pour savourer un brin de
détente.

Le désespoir et l'*inespoir*, le *non-espoir*. Facile à voir de
quel côté nous *attend* l'insouciance.

1. Gallimard, Tel, 1943, p. 19.
2. Voir Shunryu Suzuki Roshi, *Esprit zen esprit neuf*, Points Seuil, 2014,
p. 155.

L'ego désespère. Ne parvenant pas à diriger le cours du monde ni à se protéger, il désespère. Il n'existe que dans l'attente.

Le sac d'espoirs que je me trimballe est-il une poche de pus à crever, un poids ? Irrémédiablement, j'espère me débarrasser de l'espoir...

À distinguer de la confiance qui est ouverture, sans objet, inconditionnée comme la joie.

*

Confiance, virer tout mode d'emploi !

Ne plus tabler sur une hypothétique sécurité, ni se réfugier dans un quelconque bunker spirituel.

Avoir, faire confiance ?

Il y aurait donc...

a) La confiance en soi : se sentir apte, équipé pour traverser les coups du sort.
b) La confiance en l'autre... En la bonté, en la bienveillance de chacun.
c) La confiance en la vie.

Deux minutes devant le 20-heures suffisent pour que b. et c. volent en éclats. Comment accéder à un poil de légèreté dans un monde tragique avec les injustices, les maladies, les accidents, la précarité ?

Comment s'en battre *juste un peu* les steaks sous l'immense épée de Damoclès ?

Vouloir construire une confiance... N'est-ce pas aborder le problème par le mauvais côté ?

Couldn't care less... Déjà voir qu'il n'y a rien à perdre... *Ma* petite personne, le confort, l'état du moment... Tôt ou tard, ces bulles de savon, ces châteaux de cartes vont morfler.

Pakyang, le mot tibétain, désigne la *naïveté*, l'état de *sans-souci*, de nonchalance... Plus que de s'éreinter comme des forcenés à *faire* confiance, glisser dans le *pakyang*, se reconnecter avec le fond du fond, de l'autre côté des tourments, en dessous pour ainsi dire.

« On a appris la sagesse si l'on meurt aussi dénué de soucis qu'en naissant[1]. »

D'accord ! Mais, concrètement, que propose Sénèque à celui chez qui la vie a bousillé dans l'œuf toute forme de confiance ?

---

1. Sénèque, *Lettres à Lucilius*, 22.

SAUTER SANS GILET

« Il semble y avoir deux types différents de
confiance : la confiance portée par ce qu'il y a de
rassurant à croire que, peu importe ce que vous fas-
siez, vous allez arriver à quelque chose qui sera à
votre avantage ; et la confiance au sens où vous ne
vous faites pas de soucis, vous laissez les choses se
produire d'elles-mêmes sans essayer de garantir telle
ou telle situation. Ce deuxième type de confiance,
où tout rapport à la sécurité n'entre plus en ligne de
compte, est la confiance la plus grande. En fait, ce
n'est plus de la confiance à ce moment-là parce que
vous n'avez plus aucune cible, aucun critère. »

Chögyam Trungpa, *Bardo* [1]

Manières de naviguer dans la confiance...

a) Crawler, se débattre contre vents et marées, avancer
   à la force des poignets, carburer exclusivement à la
   volonté.

1. Seuil, 1995, p. 309.

b) Croire qu'il existe un radeau, une bouée, un gilet de sauvetage qui nous mettrait à l'abri, hors de danger.

c) Expérimenter qu'il n'y a nul besoin de gilet. Ultimement, ça flotte.

Faut-il nécessairement *ramer* pour apprendre à flotter? C'est en flottant que l'on devient... que l'on flotte.

Se jeter dans la confiance avec son manque de confiance.

★

À l'époque du Bouddha, charlatans, radoteurs, escrocs en tout genre sévissaient, déjà. Pléthore d'intéressés ont tenté de récupérer les enseignements du maître...

Le Bouddha a délivré quatre sceaux pour discerner le chemin et l'esbroufe.

1) *Toutes les choses composées sont éphémères.* Rien ne dure, tout périt, disparaît. Il n'y a absolument rien, mais vraiment rien à quoi l'on puisse s'accrocher.

2) *Toutes les émotions sont douloureuses, pénibles.* Toute recherche de confort permanent et sans ombre est vouée à l'échec. Tabler, miser sur la durée tient d'une *impasse existentielle.*

Le bien-être est toujours bancal, éphémère, provisoire... Famille, carrière, réputation, paix, sérénité, tout peut partir en quenouille, à tout moment.

Crucial! Chaque parole du Bouddha révèle un message qui libère, dégage, allège.

Matin, midi et soir, je suis hanté par le désir que mes enfants me survivent. Jusqu'à vouloir les enfermer dans un coffre-fort? J'aimerais tellement contracter une assurance vie contre tout risque.

C'est bricoler, construire sur du vent...

La libération... Ne plus avoir besoin de garanties.

3) *Tous les phénomènes sont vides, ils n'existent pas en eux-mêmes.* Aucune entité séparée, solide, indépendante, autonome... Je suis, on est, nous sommes des bulles de savon, fruits d'une foule de circonstances.

La peur que je crois coriace, cette colère, cette rancune n'ont rien de solide. Partout l'interdépendance!

Le langage, comme le montre Nietzsche, fige. Quand je me réfère à un *moi*, à l'autre, à l'inquiétude, à *ma* hargne, à *mes* problèmes, j'ai l'impression que ces réalités existent de manière stable, fixe. *Égypticisme, idées momies,* dit le *Crépuscule des idoles.*

D'où un rapport au temps, à la durée, un féroce attachement à ce qui a été, ce champ de ruines, ce tas de poussière. D'où aussi une fuite en avant. Toujours scotché, agrippé à ce qui va suivre.

Impossibilité quasi *congénitale* à se rassasier. Si rien n'a de soi, si rien n'est solide, la souffrance, le mal-être non plus. Qui se prend la tête? Qui a peur? Qui demeure insatisfait?

4) *Le nirvana se trouve au-delà des extrêmes.* Ne pas réifier ni s'accrocher à un but, à un idéal, à des arrière-mondes. Méthodes à la Tilopa... *Ne pensez pas, ne réfléchissez pas, ne connaissez pas, ne méditez pas, n'analysez pas. Laissez l'esprit tel qu'il est.*

Nietzsche, le Bouddha, Maître Eckhart, appels à la non-lutte.

Quel manque de tendresse envers soi et les autres que de croire que la vie tient d'un combat acharné.

Ne pas réduire le *nirvana*, la paix, la sérénité à un confort, du douillet. Ce n'est pas un cocon, une bulle de bien-être.

Picasso dit qu'il lui a fallu des années pour peindre comme un enfant. Faut-il fatalement s'épuiser avant de suspendre les luttes?

VADE-MECUM

« Quand on commence à réaliser la non-existence, on peut se permettre d'être plus compatissant, de donner plus. En général, on veut se cramponner à son territoire et s'y attacher ; c'est un problème. »

Chögyam Trungpa,
L'Entraînement de l'esprit[1]

Sur un trottoir enneigé, une femme munie d'une canne blanche progresse sur le pavé verglacé. L'image vaut mille traités de sagesse ! Incommensurable fragilité de la condition humaine !

Je dicte ce *kakaotalk* et c'est moi qui glisse et me casse la figure.

Comment souffler quand chacun est à la merci d'une mauvaise rencontre ? Le papa a l'intention de dire : « Vous

1. Seuil, Points, 1998, p. 37.

savez, on a tous au fond du cœur une espèce de bous-sole... Descendez, prêtez-y attention... Vous sentez bien si quelqu'un paraît louche, malveillant, dangereux... Écoutez la boussole ! » Mais au final, bêtement, je balance à mes enfants : « Sur la route, faites hyper attention, vous pouvez tomber sur des détraqués, des malades, des pervers. Faites vraiment gaffe... Je vous en supplie... »

Ne pas communiquer *ma* paranoïa. Quels remèdes à l'inquiétude ? Comment initier ses enfants au *couldn't care less* quand on flippe pour un rien ?
Mon boulot ? Transmettre ce que je n'ai pas. Donner une confiance, communiquer une souplesse intérieure même si je me farcis une insécurité de dingue.

Mission d'un papa, d'une maman : expédier ses bambins sur le chemin de l'école, les yeux et le cœur grands ouverts, inviter à la sagesse sans prise de tête.

De toute urgence, sensibiliser... Oui, il y a des dangers. Mais aussi désamorcer la peur.

Le *couldn't care less* aurait-il des limites quand sévissent des méchants, des pervers, des chauffards ?

À propos de chauffards, j'ai appris par la télé que des antennes, des cliniques voient le jour pour soigner les individus qui éprouvent des *penchants* pédophiles. Immense défi : dénoncer, sensibiliser et aussi soigner.

Un psychiatre propose cette comparaison : «Un pédophile c'est comme un chauffard. On aurait beau mettre en garde tous les piétons, rien n'empêche les chauffards.»

Une route verglacée et des chauffards!

De toute urgence, sans peur, revenir à la boussole, écouter.

*

Comment glisser allègrement vers la décrépitude façon *CCL* sans s'accrocher, sans résignation ni mépris de soi? Chaque matin, garder Épictète à l'esprit... Qu'est-ce qui dépend véritablement de soi, aujourd'hui? Et avancer dans la grande vie.

Le handicap gagne du terrain. Un texto m'arrache mille efforts. Fatigue constante, douleur. La lecture, c'est fini! Il faut dire adieu à plein d'activités, à mille gestes...

Comment traverser ces microdeuils?

Une fois par semaine, mon fils empoigne le crâne de son papa et vigoureusement me rase. Sa tendresse et sa force m'émeuvent aux larmes. Mais Radio Mental diffuse ses prédictions : «À quarante-sept ans, tu n'es plus capable de te raser! Ça peut aller très vite! Tu t'imagines dans dix ans!» Non, je n'imagine pas, justement! L'exercice, l'ascèse c'est de célébrer l'ici et maintenant qui réunit ces deux gaillards, s'en réjouir et laisser venir!

Je vois bien que la peur, les projections emberlificotent tout. Cesser tout vain combat! Aucun sur-effort, inventer un mode de vie plus simple, ne pas s'encombrer!

Psychodrame, panique générale pour une réunion de parents! Déjà, la question vestimentaire! Puis-je débarquer en jogging ou dois-je opter pour une tenue plus classique? Pas suffisamment libre pour ne plus me soucier des apparences, je livre pendant plus d'un quart d'heure un âpre combat avec la boutonnière d'un jeans gris. Les yeux braqués sur l'horloge, je peste, complètement impuissant.

Plus j'essaie de m'appliquer, plus les spasmes et les tremblements compliquent la manœuvre. Je me révolte. Par moments, j'accuserais, je maudirais presque la terre entière. Renvois acides, ressentiments par fourgons. Nietzsche, Trungpa, au secours!

En sueur, lessivé, je médite, juste un petit coup de *Tilopa...* *Laissez l'esprit tel qu'il est...* Tranquille, tranquille... Et sans le moindre effort, le bouton se loge pile poil au bon endroit. Mission accomplie, pantalons fermés *malgré moi*, sans lutte! Gestes complètement souples, désinvoltes et efficaces! Ne pas en déduire que la méditation aurait des effets miracles!

Sans se braquer ni carburer à la volonté seule, accueillir ce corps, son rythme, ses saisons!

Depuis quelques semaines, chaque jour, je descends à pied jusqu'au lac. Hygiène de vie... Arrêt de métro Fourmi, Sallaz, Hermitage, Place de La Riponne, Place

Saint-François, Petit-Chêne, Gare de Lausanne, Parc de Milan, Rives d'Ouchy. Trois heures et demie de balade, magnifiques... *Se recréer.*

Le chemin de Nietzsche... Ainsi ai-je nommé ces escapades où tant de fois j'ai prêté l'oreille à celui qui dénonce *le cul de plomb*[1].

Sur la route, initiation à l'art de s'asseoir sur un banc, de contempler, d'arrêter un peu de courir. Repérer dès que je passe en mode *sur-effort* !

*

Souvent, quand je trimballe mon corps en ville, j'ai l'impression d'avoir un bout de *M* sur le front.

Sur le chemin de Nietzsche, mille clins d'œil...

Perdu dans un podcast sur Wilhelm Dilthey qui distingue *expliquer* de l'extérieur un phénomène naturel et *comprendre* de l'intérieur une réalité humaine, je croise deux petites filles. Elles repèrent le spécimen. L'une d'elles prend carrément ses jambes à son cou. De loin, je l'interpelle : « Je ne suis pas méchant, c'est juste un handicap de naissance, c'est comme ça. Je bouge un peu bizarrement mais je ne suis pas dangereux. » Revenant sur ses pas, elle me salue, on discute. Improbable rencontre... magnifique !

---

1. Friedrich Nietzsche, *Ecce Homo*, « Pourquoi je suis si malin », 1.

Expliquer, comprendre...

Se fondre dans l'anonymat, passer inaperçu, parfois j'en rêve. Toujours des regards qui dévisagent, des yeux qui scrutent, qui rappellent la différence.

De là à haïr ce corps...

Comment commencer à m'en tamponner réellement?

Et accepter cette dégaine et tout ce qu'elle réveille chez les autres.

Un ami me dit que je ressasse ma rengaine, que je dois m'extraire de ces jérémiades stériles et, sur-le-champ, bannir ce *narcissisme de handicapé*.

Comment? Ce corps s'impose à chaque instant. Prendre une douche? Casse-gueule et épuisant. Écrire un mail? De plus en plus compliqué. Le clavier, une torture...

Deux formes d'acceptation...

a) Une acceptation de façade, serrer les dents, s'écraser, se la fermer, entrer dans un moule, esclave de la peur du rejet, du déni.
b) Le consentement des Stoïciens, le *dire oui* à la Nietzsche, une grande santé active, féconde, généreuse.

Le chemin de Nietzsche...

*

Sur le fond d'écran de mon téléphone, un homme nu, la tête en bas, accroché à la branche d'un arbre. Merveille que ce corps agile et beau ! J'ai chopé le cliché sur le site de *Libé*. Il est dû à une prénommée Molly Matalon et s'intitule *Harris Joshua Tree*.

Instructif historique de mon fond d'écran, anamnèse intime. S'y sont succédé Jésus, le Bouddha, Nietzsche, Rinpoché et, maintenant, cet apollon... Zigzag à travers les illusions, des mensonges et une acceptation de façade.

Ne plus avoir honte... Et si un regard venait à tomber sur la photo de mon arbre ? *CCL !*

Sans prosélytisme... Oser *devenir soi-même*. J'ai toujours trouvé l'affirmation de soi complètement débile et bancale.

Impossible d'accéder à la joie si on marine dans le mépris de soi, passant sa vie à faire semblant, à mentir, à se la raconter.

Sur une terrasse, des amis regardent de loin une fille : « Vise un peu cette beauté ! » Je me prends à faire semblant, à faire comme eux... d'où ce fond d'écran.

*

Je repense à l'homme suspendu à son arbre. Pourquoi tout ce psychodrame ? Et cette nécessité de se dévoiler ?

Devons-nous toute la vérité aux autres? N'est-ce pas vider ses poubelles, mendier une approbation que de déballer son intimité?

Le Nom de la rose, film indépassable... mon premier émoi au cinéma... mon secret aussi...

Adso de Melk et une paysanne exploitée, broyée par la pauvreté s'étreignent, s'unissent. Dans les cuisines du monastère, le feu crépite, deux corps nus s'enlassent. Un adolescent s'enflamme. Il sent tout de suite qu'il va falloir taire, réprimer, cacher. Je n'ai pas osé. Comment dire à mes camarades que tout mon être me portait vers le corps de ce moine qui venait d'arracher sa robe de bure? La beauté de cette chair, la perfection des formes, tout me ravissait. La puissance de cet attrait faisait mal. Au cœur de cette splendeur, l'amer... Innocence perdue. Je me condamnais, me jugeais. Je devais m'amender, me corriger.

Du fin fond de l'Antiquité un appel, la *parrhésie*, cette liberté de parole... Avoir le cran de tenir les mêmes propos devant un roi, un prince, un empereur, un lecteur, sans broncher, sans craintes. Rien de commun avec la tentation de s'épancher, de s'exhiber en public.

Trouver le courage de s'engager pour une idée, ne pas devenir un caméléon en matière d'opinions.

Liberté de parole ou besoin de rendre des comptes, d'être rassuré, de voir si je suis accepté inconditionnellement? Grand plongeon avec ce post sur Facebook :

« Le génial et bienfaisant Chögyam Trungpa écrit : "Tout ce que l'on a à faire est de se démasquer, si pénible que cela soit." » Ne pas se mentir, ni se la raconter, être vrai, s'appuyer sur ce qui est. Depuis 1970, le mois de juin est celui des fiertés. Personne au monde ne doit être discriminé, stigmatisé, regardé de travers, pointé du doigt à cause de ce qu'il est. Il y a encore un sacré boulot !

« J'aimerais juste témoigner humblement et sans pathos combien il est encore difficile pour moi d'avouer en toute simplicité que je "préfère" comme on dit les garçons sans craindre un rejet, un bannissement social.

« Et surtout inviter chacune, chacun à œuvrer concrètement à une société plus éveillée, plus tolérante, plus humaine, plus douce, sans violence.
Voilà c'est dit, maintenant non-fixation, don de soi et confiance...

« Merci infiniment d'être là. »

*

C'est dingue, mon post ne m'a pas attiré de foudre. Je reçois plein de messages de soutien. Mais de réconfort réel, non. Comment gérer le service après-vente ? Je me sens sale, comme si je devais me justifier, comme si j'avais menti.

Comme d'habitude, je dévale les sentiers de Nietzsche. La révolte m'y a jeté. Depuis qu'un médecin m'a asséné que mon état se dégradait, qu'il fallait m'y résoudre, accepter, je marche, je cours tous les jours.

Le déclin du corps... Vers où diriger mes SOS pour oser la grande santé?

Où trouver une approche un brin *couldn't care less* et engagée quand, physiquement, tout se déglingue?

Déjà éviter les commentaires, fuir le papillonnage thérapeutique, entamer un *travail* de fond!

Des études révèlent que moins un praticien consacre de temps à écouter son patient, plus il sera enclin à dégainer une ordonnance de calmants, d'antidépresseurs, de psychotropes.

S'attaquer aux causes, aux raisons du mal-être, de la souffrance, poser des actes.

Swâmi Prajnânpad dégage la voie : « Émotionnellement, acceptez; intellectuellement, voyez ce qui peut être fait, si quoi que ce soit doit l'être. En action, faites-le. » Il dit aussi : « Améliorez, mettez fin ou acceptez. »[1]

Avancer, progresser, complètement détaché du résultat!

Accueillir l'impuissance, sans capituler! Y découvrir au contraire un appel à se mettre en route!

---

1. *Les Formules de Swâmi Prajnânpad, op. cit.*, p. 69.

L'idéal d'une guérison, d'un progrès perpétuel met bien du monde sur la touche. Nous ne sommes pas tous en pleine forme, nickel...

La *grande santé*, dynamique, équilibre, accueille tout le monde, y compris les plus cabossés des cabossés, même un estropié de mon espèce, même un mourant peut progresser.

Dans *La Mort d'Ivan Ilitch*, Tolstoï[1] dénonce la comédie de l'homme de l'art. Entre les propos de marchands de tapis, le baratin habituel, ceux qui *psychopathologisent* tout et les plus nombreux, ceux qui se retrouvent tout simplement incroyablement démunis...
Pas de temps à perdre! Se frayer un chemin vers la joie, rester profondément vivant!

Certes, le corps s'épuise et va mourir. Oui *c'est sans espoir*[2]. Le refuge, il est là; c'est sans espoir. Ce qui n'empêche pas, au contraire, de tout mettre en œuvre pour que la vie circule!

★

J'ai encore dû rebrousser chemin pour vérifier si je n'avais pas heurté une chauve-souris...

Généalogie d'une frousse! Enfant, dans le dortoir, de temps en temps, un camarade de l'institut manquait à l'appel. On apprenait, plus tard, qu'il était parti, mort. Les draps

---

1. Léon Tolstoï, *La Mort d'Ivan Ilitch*, Le Livre de Poche, 1976, chap. VI, p. 56.
2. Chögyam Trungpa, *Le Cœur du sujet*, Seuil, 1993, p. 100.

étaient changés, on dispersait un peu d'eau de Cologne, affaire classée. Aucune explication, pas de temps pour un adieu, rien.

Je n'ai jamais su, on ne nous l'a jamais dit, si nous étions en sursis, si le handicap se détériorait, si on pouvait escompter raisonnablement atteindre l'âge adulte. D'où cette immense épée de Damoclès suspendue sur la tête et le besoin d'être rassuré en permanence. Un simple état des lieux, un franc diagnostic, un dialogue aurait sans doute dissipé la sourde angoisse. Mais pas de tiers bienveillant, zéro consolateur et des tonnes de non-dits !

Même dans le tragique, on peut trouver du réconfort, de quoi couper court aux infinies spéculations qui montent de la peur.

Aujourd'hui, immense insécurité... *Symptôme du lit vide...* Peur de claquer, crainte qu'un drame ne s'abatte encore sur la famille.

QUI SUIS-JE ?

« Répondre à la question "qui ?", c'est raconter l'histoire d'une vie. »

Paul Ricœur, *Temps et récit*[1]

Qu'est-ce que je me la raconte ! Et quel besoin de s'encastrer dans des étiquettes ?

S'abandonner, mais vraiment... Et laisser partir, comme dit Trungpa, tout *le rembourrage* du mental... Dégager les explications douteuses, la volonté d'arranger, de manipuler son histoire, de rapiécer un ego disséminé, émietté.

Bon sang ! J'ai un avis sur tout ! Même seul face à un miroir, ça n'arrête pas, la machine infernale s'enraye.

Au fin fond d'une âme, y aurait-il un témoin bavard, un chroniqueur intime qui consigne, commente, conserve sur

1. Seuil, 1985, tome III, p. 442.

ses tablettes nos moindres faits et gestes, nos blessures, nos traumas?

Que retient-on d'un passé? Qui sommes-nous *à nos propres yeux?* Et notre chroniqueur s'en tient-il aux faits, sans exagérer ni banaliser quoi que ce soit? Que retire-t-il des coups durs, des joies qui jalonnent un parcours?

Discipline des jugements, des représentations à la mode stoïcienne! Comment maîtriser, ciseler un discours intérieur, sans ces parasites?

Faire le départ entre l'essentiel et *les points de détail.*

L'ego? Un habile tisserand qui coud des millions d'événements épars en un gigantesque patchwork? Un collectionneur phtisique enfermé dans le cagibi de son passé, le nez toujours collé à de poussiéreux albums photos?

Ne plus se la raconter... Et rester hyper factuel, circonspect : Qu'ai-je sous les yeux? Qu'est-ce qui m'attire autant? Pourquoi je tremble si fort à cette idée?

Vouloir éteindre Radio Mental... Absurde, inefficace! Pas moyen de donner un coup de pied au transistor pour qu'il arrête son tintamarre.

« Tranquille, relax, tout doux! » Sans virer à la méthode Coué, rien n'empêche de changer de station, d'oser plus de bienveillance quand je me la raconte.

Apprendre à demeurer sans avis, sans jugement ni opinion, totalement disponible sous la douche, dans le métro, dès qu'on rencontre l'autre...

THÉRAPIE DU JUGEMENT

« Tout de suite, en présence de chaque représentation pénible, exerce-toi à dire à son sujet : Tu n'es
qu'une représentation, et pas tout à fait ce que tu
représentes. »

Épictète, *Manuel*, I, 5

C'est que bien souvent, dans la majorité des cas, on est à
côté de la plaque, décalé du réel. La quasi-totalité de mes
tracas n'a aucune cause extramentale, en dehors de ma
conscience.

Expérimenter, vivre sans filtres, sans biais cognitifs...
Revisiter les palais de la mémoire, les traumatismes, les
manques avec un regard bienfaisant et doux, alléger.

Répondre à la question « Qui ? ». Sans a priori, sans
références au passé, garder sa capacité d'émerveillement
intacte, laisser tout ouvert.

45

★

Comment revient-on d'un séjour à *la maison des morts*?

D'anciens fantômes rôdent à l'intérieur. Ils ne me lâchent pas. Angoisses protéiformes, peur du manque, avidité, incapacité de vivre deux secondes sans le souci, culpabilité féroce.

Sans arrêt, je me bats contre l'insatisfaction, le manque et la crainte d'être fliqué, puni, sanctionné. Au moindre faux pas, je redoute qu'on me renvoie là-bas!

Après dix-sept ans à l'institution, en milieu quasi carcéral, totalitaire, où tout était décidé pour nous jusqu'à la couleur de nos caleçons, comment devenir un poil libre sans se sentir obligé de rendre des comptes à quelque instance *supérieure*?

Un vrai personnage de Kafka! Je tremble, hanté à l'idée que quelqu'un ne vienne frapper à la porte et ne m'expédie direct en taule.

Paranoïa intime, indéracinable, hyper-contrôle de soi! Même quand je glisse dans la rue, j'imagine qu'un témoin malintentionné voit dans mes gestes un bras d'honneur! Et hop, me voilà au trou, *arbitrairement*!

46

LE DÉPÔT...

Ils m'ont carrément déposé comme un paquet. J'imagine la douleur de mon père et de ma mère. J'entends presque les éducateurs : « Ça va être dur, c'est un sacrifice mais c'est pour son bien. Il sera pris en charge par des spécialistes, des physiothérapeutes, des logopédistes, des ergothérapeutes, un pédiatre, des instituteurs. »

Ça va être dur... Ils n'avaient pas idée à quel point !

Mon premier souvenir... C'est dingue, je revois la scène comme dans un film, de loin, avec distance, comme si on me l'avait racontée !

Un long couloir, du carrelage blanc, une odeur d'hôpital. Je ne sais pas où j'ai débarqué. Je sens que quelque chose va se passer, qu'un malheur va s'abattre. On marche. Aucune fenêtre sur l'extérieur. Des catelles et des néons à perte de vue. On croise un jeune homme sur une chaise roulante. Au milieu des spasmes et des râles, un regard, profond et doux. Au réfectoire, un être *de petite taille* mange une épaisse tartine et me sourit. La douceur de ces visages détonne avec la cruauté de l'instant.

Une sœur apparaît. Son vêtement gris de religieuse sent la lessive, une croix en pendentif danse autour de son cou.

Les adultes me laissent sur un grand tapis rouge et s'éloignent. Je découvre Léonard, Antonio, Hubert, ces compagnons d'infortune. On dirait que mes parents ont rapetissé, qu'il y a des kilomètres entre eux, là-bas, avec la sœur, et moi, sur le tapis.

Hubert me tend un jouet. *Schizophrénie...* D'un œil, je fixe papa et maman pour qu'ils ne partent pas, de l'autre, j'observe Hubert, lumineux. Quoi? Il y a de la joie même ici, dans cette galère? Mes parents sont revenus, ils me serrent dans leurs bras. Je ne comprends rien. Ils me tournent le dos et disparaissent.

Je les regarde aussi loin que je peux, minuscules au bout du couloir. Ils entrent dans l'ascenseur, s'y engouffrent, et, plus rien. La solidité du carrelage froid, les gestes d'Hubert, les cris de Léonard, uniques points d'appui devant ce vide, l'abîme.

Amputation sans anesthésie! Aucune explication, zéro. « Débrouille-toi! »

Heureusement, il y a les sourires, Hubert me tend des Lego.

Bonté de la vie! Solidarité qui nous empêche de crever!

C'est parmi eux, avec eux que j'allais balbutier mes premiers pas, c'est grâce à eux que je n'ai pas coulé. Ils ont planté dans mon cœur un aiguillon, un appel : nourrir une joie inconditionnelle en dépit de tout.

Dix-sept ans coincé à l'institut! Dans le *Crépuscule des idoles*, Nietzsche assène son fameux « Ce qui ne me tue pas me rend plus fort[1] ». Je crains que ce qui ne tue pas rende, dans certaines circonstances, plus docile, plus servile, plus torturé. Plus méfiant et rusé peut-être ? Ce n'est pas la souffrance qui grandit mais ce qu'on en fait, éventuellement, grâce aux autres.

Aujourd'hui, les répliques, les échos de ce passé continuent à me tomber dessus.

Déminer, désamorcer ces bombes à retardement !

Arraché à sa famille, placé *arbitrairement* à trois ans sans autre forme de procès !

Le pire dans cette histoire, c'est que je recherche *l'implacable* sécurité de l'institut. Pas d'avenir, zéro liberté mais un cadre. Sinistre cocon protecteur ! Rempart contre la mort, l'incertitude et la peur, contre soi-même.

Au milieu de mes quintes passionnelles et des manques, je rêve parfois de débarquer dans une clinique privée : « Voilà vos pantoufles et le programme du jour, du sur-mesure ! Donc monsieur Jollien, 18 heures, psychiatre, 20 heures, séance avec un *bodhisattva de la tendresse* puis tisane, quinze minutes de zazen et au dodo. Ne vous inquiétez de rien ! Nous sommes là. Tout est sous contrôle ! »

---

1. Friedrich Nietzsche, *Crépuscule des idoles*, « Maximes et flèches », Hatier, 2011, p. 108.

L'institut, combien de fois l'ai-je revisité dans ma mémoire ? J'en connais chaque recoin, toutes les odeurs, les bruits de ce monde. En mon esprit, j'ai souvent mis le feu à la prison de mon passé sans que se brise le moindre barreau !

Je vis encore dans une espèce de *cage psychologique* à la recherche d'une consolation. Tout plutôt que le saut dans le vide, dans la liberté !

Syndrome de Stockholm ?

★

Accueillir ? Tout accepter ? Se blinder et se taire ? Et ce groupe d'enfants ? Il désigne du doigt le traîne-savates qui passe dans le quartier et se fend la poire. Colère immédiate ! Mais Rinpoché m'a stoppé net.

LE SAUT DU BODHISATTVA

« Vous pouvez sauter comme la mouche, la sauterelle, la grenouille ou l'oiseau, peu importe, mais un genre de saut dans le vide a toujours lieu sur la voie du bodhisattva. »

Chögyam Trungpa, *Le Cœur du sujet*[1]

Tirade vindicative : « Hé vous ! Oui, vous ! Vous vous imaginez deux secondes être à ma place... Si on éclatait de rire à votre passage ? Ça vous ferait quoi qu'on vous montre du doigt comme ça ? »

Deux yeux pétillants rétorquent : « Ça me ferait mal ! »

Bizarre, profond sentiment de fraternité, d'une commune sensibilité qui nous réunit tous.

Toutes, tous, tôt ou tard, nous allons morfler. Tous, nous recherchons le bonheur.

---

1. *Op. cit.*, p. 149.

Sous le vernis de la méchanceté, sous la cruauté, la moquerie, une plaie, *un point sensible* comme dirait Chögyam Trungpa[1].

C'est dingue, une simple question et fini les barrières, les murs, le ressentiment !

Solidarité, communauté de sort...

LES QUATRE RAPPELS

Pour gambader vers *l'éveil*, garder toujours présent dans l'esprit et le cœur :

1) Le caractère précieux de toute vie humaine.
2) La mort. Partout, elle nous cerne, partout elle peut nous choper, tous.
3) La prison du *karma*. Nos actes, nos désirs, nos intentions déclenchent des réactions de cause et d'effet, à la chaîne. Aucune culpabilité ! Le réel obéit simplement à des lois, c'est tout !
4) L'intensité de la souffrance. Inévitable, omniprésente, elle saisit tous les êtres. Maladies, mort, déceptions, coups du sort, épreuves, grincements, frictions, insatisfactions[2].

1. Voir Chögyam Trungpa, *L'Entraînement de l'esprit, op. cit.*, p. 37.
2. Chögyam Trungpa, *L'Entraînement de l'esprit, op. cit.* p. 33.

Rien de morbide ici, au contraire. Rappel à la légèreté, au don, au saut !

★

Je lis et relis la prescription de Marc Aurèle : « Chaque homme ne vit que le moment présent, et ne perd que cet unique instant[1]. »

Les pesantes injonctions à demeurer dans l'ici et maintenant me gonflent, l'empereur philosophe, lui, me réveille. Il invite à la grande vie. Quand je claquerai, au final, je ne perdrai que la seconde, ce laps de temps infime durant lequel j'expirerai mon dernier souffle.

Se donner à l'instant sans convoquer le paquet de souvenirs, sans s'encombrer de projections, d'attentes, de rêves, de fantasmes. *Juste* être là... Juste...

Chaque jour, se faire et se défaire... S'exercer à la sagesse là tout de suite.

Le fameux principe des alcooliques anonymes ! Constat très simple et *prometteur* ! S'engager à ne plus boire à vie... Cette exigence tellement lourde peut assommer, plomber, décourager. Donc, démarrer humblement, rester pragmatique...

Durant une heure, *cette* heure, je ne bois plus, je ne rumine plus. En tout cas, j'essaie. Puis, réitérer notre engagement

---

1. Marc Aurèle, *Pensées*, XII, 26.

d'heure en heure, de semaine en semaine, de mois en mois, d'année en année, d'instant en instant.

Le *moi* qui s'inquiète du cancer, du problème de demain n'existera plus... demain. L'Alexandre qui se fait du mouron ne sera plus, du moins à l'identique, le jour où la tuile si redoutée tombera éventuellement sur *sa* figure. C'est comme si on nous avait confié les clés d'une bagnole. Tant d'efforts, de luttes pour de la tôle! Tôt ou tard, cet agrégat provisoire va finir à la casse. À quoi bon vouloir administrer une correction à l'imbécile qui a fait une marque sur le pare-brise?

Lâcher les clés... Libération, soulagement, apaisement immédiat...

Il n'y a pas de « moi », donc je m'en tape!

Contre-indications... Liquider moi et libre arbitre, ce n'est pas fusiller toute responsabilité ni se la jouer « après moi le déluge ». Ce je-m'en-foutisme-là est biaisé, lâche et criminel!

L'instant présent et la *doctrine, l'expérience* du non-moi. Parler d'expérience est inapproprié. Il n'y a pas de « je » qui se regarderait ne pas être.

Quand on éclate de rire, au sommet de la jouissance... Plus de commentaire, plus de « Regardez, je rigole, je suis détendu, je ne me prends plus la tête... ».

Quelle morale à deux balles pousse à s'observer, à se scruter constamment? J'étais mieux hier... Je progresse... Je régresse...

★

L'angoisse, un tourbillon qui plane au-dessus de la tête... Vouloir entrer en communication, lever les yeux dans sa direction, essayer de contrecarrer l'idée qui me fait tant de soucis, c'est déjà se faire happer.

Laisser passer, sans entrer en contact avec la tempête mentale. Ascèse radicale! Non-agir.

Au fond, la peur, l'anxiété ressemble à un piège, une toile d'araignée. S'en approcher, contre-argumenter avec ses pensées, c'est mettre le doigt dans l'engrenage, être attrapé, bouffé tout cru.

Trouver l'audace de ne rien faire, contempler, poursuivre le chemin. Ne pas lutter, ne pas s'occuper des toiles d'araignée.

★

Courrier d'un spécialiste de Nietzsche... Il parle de ma femme et dit avoir admiré sa présence... : « Sans nécessité de parole. » Autant j'aime l'homme accroché à *sa branche*, autant mon grand amour se tourne vers elle.

Je vis avec un moine, tout chez elle est bonté, tout surgit du silence... Même quand il lui arrive de gronder, de crier — elle a quatre enfants, dont moi —, tout surgit d'un calme.

C'est dingue comme dans nos affects, nos goûts et nos penchants retentissent les échos du passé. Comme si s'interposait entre l'expérience nue et le réel un brouillard de conceptions, de biais, de projections, les souvenirs...

Être sans *nécessité* de parole... Ne pas avoir un avis sur tout, ne pas avoir toujours un mot à dire, tout le temps, sans se brider.

★

Du délicat art de se décoincer...

« L'homme mord avec le rire », Baudelaire. « C'est par le rire qu'on tue », *Ainsi parlait Zarathoustra*. Et Kant : « Le rire est une affection résultant de l'anéantissement soudain d'une attente extrême[1]. »

Éclater de rire, c'est dynamiter les cloisons, les barreaux d'une individualité. Se dilater, se désincarcérer, complètement se détendre.

L'ironie mord, la moquerie tue. Le rire réconcilie avec le grand tout et révèle la bonté de l'existence.

---

1. Emmanuel Kant, *Critique de la faculté de juger*, I.

Un sage triste est un triste sire. Et un pitre reste un pitre.

Incapacité totale, à l'heure de l'angoisse, de rire des divagations du mental! Aucun recul, zéro.

Ce serait pourtant le moment d'user d'un peu d'humour et d'autodérision pour tout gentiment le dissoudre.

★

Des clébards, des toutous... On ressemblerait à un chien qui engouffre ce que lui jette son maître, sans apprécier, sans savourer, jamais. C'est en tout cas ce que prétend Sénèque[1].

Comment, loin de toute précipitation, se réjouir des biens prodigués par la fortune, sans les attaquer à pleines dents, les avaler tout rond, et lorgner sur le prochain plat?

Insatisfaction permanente, frustrations à la tonne, perpétuel sentiment de manque. Vie de chien?

Interminable liste de mes envies! Une paix royale, un coussin d'air géant, pas de soucis, fini les anxiétés, aucune colère, un calme *à la Bouddha*... Une *assurance vie* qui m'épargne chagrins, pertes, deuils, de belles et longues années pour chacun de mes enfants, et en sus, des wagons de bodhisattvas et du pognon tant qu'à faire... Voilà mon refuge, ma cage, mon paradis terrestre.

---

1. Voir *Lettres à Lucilius*, Robert Laffont, Bouquins, 1993, LXIII.

À propos de clebs, j'ai toujours adoré une image. Un chien, même battu, revient vers sa gamelle. Même si son propriétaire le maltraite, il retourne à sa pitance. Et nous, quelle gamelle recherchons-nous au point de recevoir des coups, voire d'en redemander?

EXERCICE PRATIQUE

Détecter d'où naît une pulsion, une envie, un désir... Est-ce un manque, la peur du vide, un besoin du corps, celui de l'âme ou du mental? Et ce paquet de *plaisirs cacahuète*! Commencer c'est ne plus pouvoir s'arrêter.

★

Comment manier cet avertissement? « Le bonheur et la peur sont incompatibles : on vit mal au milieu des soupçons[1]. »

Septante pour cent? Huitante pour cent? Nonante pour cent? Qui dit mieux?

Il paraîtrait, preuves à l'appui, qu'en une seule journée un cerveau humain est traversé par soixante mille pensées dont septante pour cent de négatives!

---

1. Sénèque, *Lettres à Lucilius*, *ibid.*, LXXIV.

Ruminations, idées noires, scénarios catastrophes par wagons !

Autant dire que la paix de l'âme, *l'ataraxie*, c'est pas gagné ! Encore heureux qu'on puisse se rabattre sur l'entraînement de l'esprit et pléthore d'exercices spirituels !

Observer nos constructions mentales, les peurs qui tournent en boucle sans s'identifier à ces fabrications ! Parmi toutes nos cogitations, nous enseignent les psychologues, un bon paquet fonctionnent, *en circuit fermé*, indépendamment de notre volonté.

Dix, cent, mille fois par jour, laisser passer les rengaines et procéder *à la Épictète*, examiner, soupeser ses représentations comme s'il s'agissait de monnaie ! Est-ce de l'or ou du toc[1] ?

Cette crainte, ce jugement, sont-ils fondés ? Que pèse cette lubie, mon caprice du moment dans le flot des soixante mille pensées ?

Efficace, ce remède de Sénèque ? Évoquant les affres du futur[2], il dit que si le malheur devait s'abattre un jour, il convient de ne pas l'anticiper, de ne pas se charger d'avance.

Pléonasme ! On se fait toujours du mouron... à l'avance.

---

1. Voir Épictète, *Entretiens*, III, 12.
2. Voir Sénèque, *Lettres à Lucilius*, *op. cit.*, LXXIV.

Serait-il possible de « retarder » les épreuves en n'y songeant guère ? Après tout, les maux à venir ne nous concernent pas. En tout cas, pas ici et maintenant.

Voilà qui est vite dit !

Le *coup des 60 000 pensées par jour*, magnifique expédient : « Oh toi, idée fixe qui me tirailles, tu vas bientôt disparaître dans le flot de *mes* 60 000 pensées, tu n'es qu'une goutte dans un torrent ! »

★

Dans *Humain, trop humain*[1], Nietzsche écrit : « Vouloir être aimé. – L'exigence d'être aimé, c'est la plus grande des prétentions. » Et pourtant, c'est ce que je recherche du matin au soir. Même en dictant ces *kakaotalks*.

---

1. Friedrich Nietzsche, *Humain, trop humain*, Le Livre de Poche, 1995, paragraphe 523.

INCONSOLABLE

« La seule "consolation" est d'oublier qu'on a besoin d'être consolé. — Rien ne console, si ce n'est l'oubli des raisons qui créent le besoin de consolation. Toute activité étrangère au moi est facteur de consolation. *Le moi égale inconsolation.* »

Emil Cioran, *Cahiers*[1]

S'affranchir des désirs, des besoins, de cette soif d'être consolé, quelle consolation ! Mais là aussi, il s'agit de ne rien désirer...

*

Impression de me ramasser une claque, un gigantesque coup de pied dans l'arrière-train dès que je retourne auprès du bon Spinoza !

1. Gallimard, 1997, p. 100.

Les forces d'inertie qui nous broient, paralysent, ankylosent ne sont peut-être pas une fatalité! Pourquoi s'obstiner, s'embourber sur des voies qui condamnent à l'insatisfaction, aux prises de tête?

BONHEUR, TENTATIVES ET COUPS D'ESSAI

« L'expérience m'avait appris que toutes les occur-
rences les plus fréquentes de la vie ordinaire sont
vaines et futiles; je voyais qu'aucune des choses,
qui étaient pour moi cause ou objet de crainte, ne
contient rien en soi de bon ni de mauvais, si ce
n'est à proportion du mouvement qu'elle excite
dans l'âme : je résolus enfin de chercher s'il existait
quelque objet qui fût un bien véritable, capable de
se communiquer, et par quoi l'âme, renonçant à tout
autre, pût être affectée uniquement, un bien dont la
découverte et la possession eussent pour fruit une
éternité de joie continue et souveraine. »

Baruch Spinoza,
Traité de la réforme de l'entendement[1]

En cas de découragement, dès que le moral flanche,
revenir au *bien véritable, capable de se communiquer*... Sauf
à errer, ballotté, à ne réagir qu'en mode épidermique... En
haut, en bas, en haut, en bas, loin de la paix...

1. Traduction Charles Appuhn, GF, 1964.

Le moteur, c'est la joie non la volonté. Qu'est-ce qui nous propulse dans un élan, une dynamique?

Spinoza vivant retiré du monde, polissant tranquillement des verres... Fascinante carte postale d'une indépendance à faire pâlir d'envie.

De quoi dois-je me *retirer* pour me la couler douce?

« L'expérience m'avait appris que... » Qu'apprend-on en fin de compte? Que retient-on des égarements, d'un faux pas, des échecs, du manque...?

Peut-être pas grand-chose! Mais de là à se recycler les sempiternels problèmes sans sortie de secours... Peurs, illusions, attachements, manques, carences affectives et patati et patata.

Ici et maintenant, désapprendre, liquider après inventaire, larguer les blocages? S'extirper des impasses, des culs-de-sac intérieurs!

« Aucune des choses, qui étaient pour moi cause ou objet de crainte, ne contient rien en soi de bon ni de mauvais, si ce n'est à proportion du mouvement qu'elle excite dans l'âme. »

Comment reprendre la télécommande de sa vie?

★

Épictète avait raison... Instructives statistiques.

Selon de récentes études, notre bonheur dépendrait :
— Pour 50 % de facteurs génétiques.
— Pour 10 % des circonstances extérieures.
— Pour 40 % de la manière dont l'individu accueille ce qui lui arrive.

C'est dire si notre perception, notre vision de la vie est... vitale !

Chacun hérite d'un paquet de gènes qui l'influencent de fond en comble sans le déterminer complètement.

Le point crucial dans cette affaire c'est donc la façon dont je *lis*, j'interprète les événements.

Est-on vraiment responsable de la manière dont on analyse ce qui nous tombe dessus ?

C'est quand même dingue ! Se payer un accident de bagnole, un deuil, toucher le gros lot ; ces *incidents* n'affecteraient pas *tant que ça* notre humeur générale sur le long terme.

Des vrais *jouets culbutos* ? On a beau les pousser de tous côtés, ces petits bonshommes, hyper stables sur leur base, se remettent toujours debout.

Faire monter la température ? Il existerait en nous une sorte de *thermostat* assurant un certain niveau de bonheur.

Quoi qu'il arrive, le thermomètre de notre *état intérieur* se maintiendrait plus ou moins constant.

Rassurant! Matin, midi et soir, je m'épuise pourtant à éviter les tuiles, à prévenir le moindre danger.

Pourquoi s'obstiner à chercher une stabilité à l'extérieur? Même si le plus beau des bodhisattvas de tous les Univers se glissait dans ma vie, distribuant de l'affection à la louche, l'effet ne serait qu'un shoot bien temporaire.

Premier sceau du Bouddha... Tout passe, donc non-fixation...

Et don de soi... Joie solidaire non solitaire.

★

Se *désintoxiquer* de l'individualisme, quitter toute volonté d'emprise...

Où est passé le collectif? Le *nous*? Plus que des coloca-taires distants, des consommateurs parqués... Plus qu'une foule de concurrents, d'adversaires rassemblés par hasard?

Le fameux dialogue mélien de Thucydide! Vertigineux diagnostic tout droit sorti de l'*Histoire de la guerre du Péloponnèse* :

LA GUERRE DES MOI

« Toujours, par une nécessité de nature, chacun
commande partout où il en a le pouvoir. »

Thucydide, *Histoire de la guerre du Péloponnèse*[1]

Affirmation de soi, volonté d'emprise, même sous le
manteau des bons sentiments, chacun voudrait prendre le
pouvoir?

Dénicher, traquer, désamorcer tout penchant à jouer au
chef dans un groupe... en couple... au sein de la famille...
avec les autres...

Pour exister, faut-il se distinguer, écraser, oppresser, se
répandre?

Remède radical : « L'obstacle fondamental auquel se
heurte la douceur est l'arrogance. L'arrogance vient de ce

1. Livre V, CV.

que nous nous accrochons au point de référence du moi et de l'autre[1]. »

Se désintoxiquer de l'individualisme...

Pourquoi se lever le matin? Pour consommer, étendre son territoire? Y a-t-il encore une cause qui nous dépasse?

Il est mille façons de canaliser, de recycler l'énergie qui nous pousse à prendre le pouvoir.

Déminer, pacifier... Sans cesse.

★

À côté d'une solitude ontologique, existentielle — on est à poil sous nos rôles, avec un corps *à soi*, une vie singulière, on claquera tout seul — il y a un isolement social, une incompréhension, des malentendus, une distance. Comment s'en tirer?

Infréquentables? Insortables?

Extraordinaire documentaire sur Netflix! *The Undateables*...

Des femmes, des hommes, littéralement des *insortables*, des *infréquentables*, se mettent en quête de l'âme sœur. Véritables parcours de combattants!

---

1. Chögyam Trungpa, *Shambhala*, Seuil, 1990, p. 118.

Le moins que l'on puisse dire c'est que, dans le jeu orchestré par Cupidon, tout le monde ne démarre pas avec les mêmes *atouts*!

C'est injuste, carrément révoltant quand on y pense. Combien d'êtres laissés sur la touche sous prétexte d'une différence, d'une apparence? D'écrasants standards bousilleraient-ils tout espoir de rencontre? En tout cas, dur dur de glaner et donner quelque affection pour un partenaire un tantinet *particulier*.

Un jeune homme, beau comme un dieu, fait fuir toute prétendante tant ses «enculés!», ses «putes!», ses «nom de Dieu!» fusent.

Le syndrome de Gilles de La Tourette! Maladie neurologique qui se traduit par toutes sortes de tics incontrôlables et d'irrépressibles envies de proférer des injures.

Image de l'impuissance, de la non-maîtrise de soi!

Vibrante invitation à accueillir l'autre dans son absolue singularité! «L'amour consiste à aider l'autre à relâcher ses tensions.» Swâmi Prajnânpad...

Depuis que j'ai vu l'émission, je me balade avec un dictaphone dans la poche. J'ai la trouille de développer à mon tour un syndrome de La Tourette et de balancer quelque grossièreté qui signerait mon arrêt de mort et nuirait à mes proches.

Dès que je mets le museau dehors, je dois me mordre les lèvres de crainte d'hurler des absurdités du style : « Ma femme a roulé le fisc! », « Ma fille a triché en classe! », « Mon fils a braqué une banque! »...

Manque flagrant de confiance en l'autre! Comme si on allait me bannir et me ramener de force à l'institut!

Derrière la frousse, une immense peur du rejet, de n'être pas accepté!

Dans le documentaire, le garçon finit par rencontrer une fille qui l'aime malgré les torrents de vilains mots. Et miracle, les crises diminuent aussi sec. C'est dire l'importance des liens, de la tendresse, des nourritures affectives.

Le carnaval social et son *sacrifice pulsionnel* pour le dire à la Freud nous rendraient-ils malades? Doit-on irrémédiablement taire nos secrets, nos désirs, cacher qui nous sommes pour devenir plus fréquentables?

Sans jouer les persécutés, je me demande combien de peurs, de blessures, de mal-être seraient soulagés s'il y avait bel et bien un guichet où l'on pourrait se présenter sans fards?

QUESTIONNAIRE À LA MAX FRISCH :

a) Quel souci en moins aurais-je sur une île déserte?
b) Quel souci en plus aurais-je sur une île déserte?

c) Qu'est-ce qui me manquerait le plus sur cette satanée île déserte?

d) De quoi serais-je véritablement délivré sur mon île déserte?

★

Distribuer des outils, rédiger des modes d'emploi, se faire concessionnaire de sagesse... Toujours?

Noter, dicter, *kakaotiser*... Décortiquer, analyser et laisser passer. Je n'ai pas encore le culot de rédiger un journal complètement *à poil*.

Ne pas philosopher, niché dans un ciel platonicien mais au ras des pâquerettes, dans le terreau quotidien, au milieu des passions, des tourments, des hauts, des bas, des affres et de la joie.

À PAS D'ÉLÉPHANT

« Les vrais philosophes sont comme les éléphants, qui en marchant ne posent jamais le second pied à terre que le premier ne soit bien affermi. »

Bernard Le Bovier de Fontenelle,
Entretiens sur la pluralité des mondes [1]

Allégorie, toute zen... Avancer à pas d'éléphant, un pied après l'autre.

L'éléphant, image de l'esprit qu'il s'agit de dompter par la pratique de *Samatha*, de ramener doucement au calme.

Progresser à pas d'éléphant, tranquille, à l'aise, *savoir nonchaloir*.

La sagesse n'a pas fini de me hanter. Elle me fascine... À quoi bon avoir des outils nickel, super si on

---

1. GF, 1998.

les laisse rouiller à la cave ? Pratiquer, s'exercer, sans cesse !

Spinoza écrit dans l'*Éthique* : « L'impuissance de l'homme à gouverner et à contenir ses sentiments, je l'appelle Servitude[1]. »

D'où l'intérêt d'une rapide introspection, voir ce qui nous tient par le cou.

Avidité, désir de posséder, de saisir, une sécurité, une joie, le plaisir, de l'amour, une consolation... Peur de perdre... les mêmes choses.

Sénèque et Spinoza... crainte et espoir, deux faces d'une unique médaille !

*

Du bon usage d'un lit de mort...

La question me travaille.

Qu'aimeriez-vous faire sur votre lit de mort ?

Réponse espiègle d'un ami... « S'envoyer en l'air, bien sûr. Faire l'amour une dernière fois, la der des der... »

---

1. Baruch Spinoza, *Éthique*, GF, 1993, préface, IV.

J'aimerais partir léger, détendu, glisser insouciant hors du moi entouré des êtres proches. Et qu'une fiesta inouïe suive le dernier soupir!

Surtout pas de funérailles, trop obscènes. Je n'aimerais pas, durant mon sommeil, à mon insu, contre mon gré, que ce soit portes ouvertes dans ma chambre à coucher, alors pourquoi exposer *mon* cadavre? Zéro intimité, carnaval, représentation post mortem, voyeurisme... On objectera que le défunt, lui, s'en tamponne d'être vu, que le rituel est destiné aux survivants...

Mourir... Ce serait plutôt une délivrance! Non par rapport au corps mais plutôt à cause des angoisses, des heures gâchées... par l'inquiétude, les tortures intimes, l'avidité.

Sans blague, qu'est-ce que l'essentiel sur un lit de mort?

Je suis presque sûr qu'à ce moment-là, je n'aurai plus de tourments. Enfin! Avant, on a tout à perdre, mais à l'instant fatidique, que peut-on nous arracher? Que peut-on rater? Cioran remarque, je crois, qu'on n'a jamais vu un mourant pleurer. Tout occupé à rendre l'âme, on ne peut plus se monter le bourrichon.

Pratique des plus libératrices! *S'exercer à mourir...* Platon... Parfois, bien vivant, je fonce dans mon lit, j'essaie de m'imaginer raide, sans vie, pour voir que le monde se débrouille fort bien sans moi, sans que j'essaie de le manipuler, de changer le cours des choses.

75

Ce n'est pas tant mourir qui me fait froid dans le dos, mais crever insatisfait et frustré.

Rédiger de son vivant une liste de ses envies...

Là, tout de suite, qu'est-ce qui m'empêche d'être content, joyeux? Quel manque me taraude encore?

Mourir insouciant, quel bonheur!

Le grand balai du temps délivre, décharge de toute perspective à très très long terme.

La lancinante, l'implacable peur de perdre! La nuit, alors que les enfants dorment, j'imagine ce grand hospice, cette auberge géante, cette immense hôtellerie et les milliards d'êtres de passage qui se retrouvent à un carrefour, jetés là comme par hasard.

C'est à la croisée des chemins que se donne, se partage, se vit la solidarité, la générosité.

Abandonner l'angoisse, s'ouvrir à une reconnaissance sans bornes.

Pourquoi chérir, adorer *mon* enfant infiniment plus qu'un autre?

Gratitude et non attachement! On aurait pu ne jamais se connaître, faire route sans se rencontrer.

En attendant de s'allonger sur son lit de mort, libre à chacun d'imiter le Bouddha couché, assis, debout, en marchant, partout.

Ce serait navrant de mourir avant l'éveil, avant la paix et la joie inconditionnelle ! Quel orgueil !

★

Incroyable Pascal !

Se libérer des attentes, s'engager sans espoir !

Il paraît que l'auteur des *Pensées* souffrait d'une névrose d'abandon et d'une phobie du vide. En tout cas, génial son diagnostic : « Je mets en fait que, si tous les hommes savaient ce qu'ils disent les uns des autres, il n'y aurait pas quatre amis dans le monde[1]. »

Faire peu de cas des louanges, des critiques et, d'urgence, suivre la prescription bouddhique... *La parole juste* :

Ne pas mentir ni exagérer, cesser de casser du sucre à tout bout de champ. Emboîter le pas au sage de la tribu des Shakyas, c'est déjà, humblement, tenter de ne pas médire, quoi ? dix minutes, une demi-heure, une demi-journée, une semaine, un mois, dix ans, selon ses ressources et sa persévérance.

---

1. Blaise Pascal, *Pensées*, Gallimard, 2004, p. 1226.

La vie est dure, tragique. Surtout ne pas en rajouter une couche. Laisser dire et s'en contrebalancer. Marx cite d'ailleurs, au début du *Capital*, les mots de Dante : « Va ton chemin, et laisse dire les gens[1] ! »

Écorchés vifs, imbéciles, grincheux, importuns, tu parles d'une compagnie !

Appliquer aussi le vieux remède d'Épictète... Quand on se rend aux bains publics, se préparer à croiser un casse-pieds, s'attendre à être éclaboussé, injurié, volé. Dès son réveil, conserver intacte, indemne, sa liberté au milieu des contrariétés.

1. Karl Marx, *Le Capital*, PUF, 1993, livre I, Préface, p. 8.

LIQUIDER TOUT LIEN BOITEUX ?

> « Ce grand soulagement qu'on ressent lorsqu'on liquide une amitié fondée sur un malentendu. »
>
> Emil Cioran, *Cahiers*[1]

Pourquoi s'acharner dans des aventures bancales qui tirent vers le bas et, tout le temps, vouloir plaire à tout le monde ?

Aimer, oui, et inconditionnellement, mais se farcir un être qui nous mine et que nous plombons, couler ensemble, peut-être pas !

Sabrer dans son carnet d'adresses ? Traquer et liquider sur-le-champ tout malentendu ?

Au fond, je sens bien dès que je m'englue dans la dépendance, quand je patauge en pleines passions tristes,

---

1. *Op. cit.*, p. 777.

lorsqu'on se dirige méchamment vers une douleur partagée, infligée.

Qu'offrir aux autres? Comment se donner carrément?

Du fin fond de sa névrose d'abandon ou de son génie — c'est peut-être pareil —, Pascal lance : « En un mot, le moi a deux qualités : Il est injuste en soi, en ce qu'il se fait le centre de tout; il est incommode aux autres, en ce qu'il les veut asservir[1]. »

1. Blaise Pascal, *Pensées, op. cit.*, p. 136.

PHARMACOPÉE DU BOXEUR

L'ascèse... tout mettre en œuvre pour que la rencontre ne ressemble pas à un ring de boxe où deux egos s'entrechoquent et se font la peau.

★

Cinq cent mille fantasmes!

Profil d'un infirme qui veut...

« Tout esprit profond avance masqué[1]. »

À des fins *philosophico-sociologiques*, et aussi pour palier un tenace *manque* affectif, je suis tenté d'explorer des sites de rencontres!

1. Friedrich Nietzsche, *Par-delà bien et mal*, partie II, 40.

Dilemme! Faut-il annoncer d'emblée la couleur? Un estropié de mon genre a-t-il positivement des chances d'obtenir quelques *matchs*?

En dix minutes, me voilà inscrit sur Grindr...

Les dernières réticences évacuées, j'y vais franco. Séduire... La perspective d'amener *à part*, à l'écart — c'est le sens du mot latin *seducere*, autant dire fourvoyer, attirer dans une embûche, tromper — me fait horreur.

Comment rédiger un profil? Toute vie sociale réclame-t-elle une habileté, de la ruse, de l'artifice? Faut-il fatalement jouer?

Comment évoquer mon problème *anatomique*? Et l'étendue des dégâts? Et rapport au pseudo, quelle enseigne choisir? IMC lover... Amateur de surprises, c'est par ici... Qui n'a jamais rêvé de *se faire* un infirme?... Besoin de tendresse... Ou bien oser jouer sur la commisération? Aidez-moi, SOS infirmité...

Dzongsar Khyentsé Rinpoché dit que l'aspirant bouddhiste doit être prêt à passer pour un *paria*[1], à ne plus ramper vers l'autre, à abandonner toute soif de plaire... Voie directe des bodhisattvas.

---

1. Voir Dzongsar Jamyang Khyentsé, *Le gourou boit du bourbon?*, Padmakara, p. 282.

Franchement, comment ouvrir un compte après ça?
Pourtant, je rédige une présentation... *Bodhisattva? Pourquoi
la différence, le handicap devraient être un frein? Pour qui?
Je recherche une société éveillée, des amis dans le bien et du fun.*

J'attends de voir...

*

Sans surprise, peu de bodhisattvas sur Grindr mais
quelques jolis échanges... Bien sûr, les *hot pics* pleuvent
mais pas seulement.

Je suis de plus en plus convaincu qu'à travers les plaisirs
de la chair nous recherchons la paix, la mort de l'ego, l'éveil.

Ce message, un quasi-SOS : « Tu sais comment faire pour
ne pas finir complètement torturé de la braguette? Tu n'au-
rais pas un truc dans ta boîte à outils pour calmer la bête?
Histoire d'apaiser les pulsions, cette matière hautement
inflammable. Quelle atroce tyrannie! Quel poids d'être en
permanence broyé par les mâchoires d'un ogre qui ne nous
lâche jamais. Le repos, on oublie! Tu t'imagines l'infini
apaisement si on se débarrassait du problème? »

Sexe, tendresse, affection, s'en détacher (comment?). En
faire un chemin de libération?

Le monde est dur, tragique, cruel! Chaque jour, on reçoit
des uppercuts. À tout moment, on peut dévisser dans le
malheur.

D'où cet immense désir de consolation, de douceur, de réconfort et d'oubli.

Je rêve encore et encore d'un guichet où obtenir un soutien, de l'aide. Déjà pouvoir vider son sac sans se ramasser une volée d'injonctions qui nous tombent sur la figure comme une poignée de gravats.

COMMENT GÉRER
CETTE AFFAIRE ?

« C'est son bas-ventre qui fait que l'homme a quelque peine à se prendre pour un Dieu. »

Friedrich Nietzsche,
Par-delà bien et mal[1]

Tourments et obsessions hantaient aussi un saint Augustin.

Il raconte son trouble lorsque, adolescent, il assiste impuissant aux mouvements de sa chair. Il écrit dans les *Confessions*[2] qu'aux bains publics, il n'arrive pas à réprimer les « signes de sa puberté naissante ».

Le futur évêque d'Hippone est lui aussi titillé par la chose. C'est plus fort que sa volonté, plus puissant que sa raison.

1. GF, 2000, paragraphe 141.
2. Voir livre I, chapitre 3.

Relisant sa vie, le vieillard s'en souvient. Ce qui le travaille, c'est l'absence de maîtrise sur ce terrain glissant, *peccamineux*.

Pulsions, désirs, besoins, des pans entiers de l'existence nous échappent. Qui en ce domaine peut se prétendre totalement libre? Libéré?

Augustin, Nietzsche...

Est-ce un drame de loucher en direction d'une paire de fesses et de n'être pas un dieu? Ne peut-on pas espérer être en paix même au sein des tiraillements, de l'insatisfaction?

Il faudrait s'amuser à rédiger une sorte de *mode d'emploi* pour utilisateurs de Grindr : « Pas de précipitation, cool, tranquille, de toute façon, les désirs sont insatiables! Rien ne vaut la rencontre. Le sexe c'est formidable, magnifique, mais pourquoi doit-il forcément devenir le centre d'une vie? Ne rien céder sur l'essentiel, la tendresse, le respect... »

Qui fait l'amour? Un être carencé? Un appétit vorace? Une blessure sur pattes?

Combien d'imprévus, d'inconscient entrent dans une rencontre? Détonant cocktail! Soif de reconnaissance, appel à se lâcher, à s'oublier, à mettre de côté soucis, peur, tyrannie.

Repérer les maladroites tentatives de se frayer un passage vers la détente.

Aimer ce corps jeté en pâture au regard de l'autre, cette chair habitée de mille besoins !

Des outils ? Conseil hyper utile d'Épictète : pratiquer la chose comme « en passant[1] », ne pas s'y attarder ni en faire un plat.

... Et de Paul Ricœur :

---

1. Voir Épictète, *Manuel*, XLI.

FAIRE L'AMOUR,
HEUREUX OUBLI !

« Finalement, quand deux êtres s'étreignent, ils ne savent pas ce qu'ils font, ils ne savent pas ce qu'ils veulent, ils ne savent pas ce qu'ils trouvent. Que signifie ce désir qui les pousse l'un vers l'autre ? Est-ce le désir du plaisir ? Oui, bien sûr. Mais pauvre réponse, car en même temps, nous pressentons que le plaisir lui-même n'a pas son sens en lui-même : qu'il est figuratif. Mais de quoi ? Nous avons la conscience vive et obscure que le sexe participe à un réseau de puissances dont les harmoniques cosmiques sont oubliées, mais non abolies ; que la vie est bien plus que la vie ; je veux dire que la vie est bien plus que la lutte contre la mort, qu'un retard de l'échéance fatale ; que la vie est unique, universelle, toute en tous et c'est à ce mystère que la joie sexuelle fait participer. »

> Paul Ricœur, « La sexualité :
> la merveille, l'errance, l'énigme[1] »

La vie est infiniment plus large, plus dense que nos individualités. Nous sommes des passeuses, des passeurs. C'est

1. *Esprit*, 1960, n° 289.

aussi dans le chaos que la générosité, le don de soi et la liberté s'expriment.

★

Abandonner tout espoir?

Ne plus courir après des shoots de tranquillité, une guérison, des remèdes, un progrès!

Lorgner vers une baguette magique, miser sur un placebo qui réparerait toute blessure, *matérialisme spirituel.*

De quoi ai-je besoin au final? De tendresse, d'une assurance vie, de sécurité, de fric, de reconnaissance...?

Identifier les plaies, le vide sans vouloir changer quoi que ce soit!

Ce n'est pas un consolateur tombé du ciel ni quiconque d'ailleurs, pas un bouquin, ni rien qui va me tirer d'affaire!

L'avidité, le désir de posséder rendent esclave.

On peut passer une vie entière au service d'un estomac, d'un besoin d'affection, de pulsions, de la réputation, de la volonté de puissance...

Le loto à la Suzuki. Peu importe l'objet... L'ego vit dans l'attente, toujours! Comme un joueur qui rêve de décrocher le gros lot...

Que désirons-nous en fin de compte ?

Oppressant, tenace *vouloir vivre*. On court, on court, vérifier ses mails, on court aux chiottes, au magasin, chez le boulanger, on court, on court, on court, à perdre haleine.

Après quoi nous précipitons-nous ? Et ce fossé qui s'ouvre entre ce après quoi je rampe et ce que je veux réellement au fond du fond.

*

Rumorem parvi facio, sublime appel tout droit sorti de mon dictionnaire latin.

Compter sur un bon génie, doux, callipyge et sympa qui résoudrait tous les manques, les blessures, les traumatismes... Perte de temps !

Avant d'enfiler pantalons et baskets et foncer en mode pilotage automatique, ralentir et, dès le réveil, prêter l'oreille à la recommandation de Nietzsche.

POUR SE LEVER DU BON PIED

« La première pensée de la journée — Le meilleur moyen de commencer chaque journée est : de réfléchir, à son réveil, si l'on ne peut pas ce jour-là faire plaisir au moins à quelqu'un. Si cela pouvait être admis pour remplacer l'habitude religieuse de la prière, les autres hommes auraient un avantage à ce changement. »

Friedrich Nietzsche, *Humain, trop humain* [1]

Attaquer chaque journée en s'ajustant, se *centrant*, se *décentrant* pour mieux épauler l'autre et lui prodiguer un soutien *sur mesure.*

S'engager ! « Faire plaisir au moins à quelqu'un. » Avant de vouloir sauver la planète, passer à l'acte pour de bon.

Dostoïevski écrit qu'il est plus facile de se sacrifier pour l'humanité que de supporter un voisin qui a mauvaise haleine...

1. Le Livre de Poche, 1995, paragraphe 589.

Un bodhisattva n'est pas téléguidé par un *vouloir vivre*. Il ne carbure pas au « qu'en-dira-t-on », ni à un désir de plaire.

Pourquoi attendre ?

★

Pacifier, se réconcilier, oser la grande santé d'instant en instant !

Qui tient les rênes ? La peur ? Les désirs ? Comment envisager avec un brin de douceur ses champs de bataille ?

Glisser dans le *couldn't care less* et liquider l'esprit de sérieux !

Nietzsche... L'homme, la femme sont « une pluralité de forces quasi personnifiée dont tantôt l'une, tantôt l'autre se situe à l'avant-scène et prend l'aspect du moi[1] ».

Sacré défi ! Faire cohabiter ce beau monde sans que s'élève un tyran, un despote, un bourreau !

Ce serait rigolo d'identifier les personnages qui gueulent en soi ! L'anxieux de service, le don Juan frustré, le goinfre, ce surmoi qui juge et blâme à tout bout de champ... À chacun son cortège, ses rôles, ses fonctions, sa foule, ses légions intimes.

---

1. Friedrich Nietzsche, *Œuvres posthumes*, Mercure de France, 1939, p. 185.

L'*acrasie*, immense chantier des exercices spirituels! Impuissance à changer! Certains traduisent par *faiblesse de la volonté*. Exemples quotidiens de grands écarts : je veux une taille de guêpe et je m'empiffre à n'en plus finir. J'aspire au détachement, à une indépendance et je cours après le premier marchand d'affection venu.

Saint Paul, après Ovide, s'écrie : « Je ne fais pas le bien que je veux, mais le mal que je ne veux pas, je le fais[1]. »

Guerres civiles, conflits, sécessions, non-paix, tiraillements à la chaîne...

Par chance, l'*acrasie* est rarement généralisée. Repérer les régions où l'on perd pied. Surtout ne pas rajouter une couche de culpabilité. Regarder et poser des actes!

Le *je* est carrément un *nous*. Si je prête l'oreille, j'entends le gamin abandonné hurler au fin fond de l'internat; il appelle, crie à l'injustice. Et gueule d'autant plus fort que sur le moment, à l'heure des souffrances, il s'est tu par peur, parce qu'il ne trouvait pas de cœurs disposés à l'entendre.

Accueillir l'angoisse, les cris, le manque qui s'élèvent de nos cavernes intérieures sans peur, sans jugement, tranquillement... si l'on peut.

★

1. La Bible, chanoine Crampon, 1923, Épître aux Romains, 7, 15.

À quoi bon ce psychodrame ? Pourquoi un geste anodin a le pouvoir de me faire péter une durite ? Et cette débauche de rancœurs qui me tient toute l'après-midi !

Banale histoire d'un peu d'amour-propre passé à tabac dans la supérette du coin !

Généralement, le cadre est plutôt bienveillant, on s'y lâche, laissant libre cours à des passions essentiellement consuméristes. Mais même là, je me suis pris le chou.

Rien n'est simple, tout est *pratique*...

Un gars et son fils passent à la caisse, un sac sous le bras... Le vendeur, un brin lourdaud, jette un œil vers l'adolescent et tend un bonbon... à son père. « Tiens, mange, c'est bon, ça ! »

J'ai eu envie de lui casser la figure, mais rien. Je lui ai même lâché un « Merci beaucoup » résigné.

Dehors, cris et rage ! J'ai balancé son bonbon sur la devanture de son épicerie.

Ces mini-attaques, ces blessures narcissiques semblent réveiller un lointain sentiment d'injustice jamais digéré.

Autodiagnostic à la Simone Weil.

DÉSAMORCER LA VIOLENCE

« Ne pas oublier qu'à certains moments de mes maux de tête, quand la crise montait, j'avais un désir intense de faire souffrir un autre être humain en le frappant précisément au même endroit du front. »

Simone Weil, *La Pesanteur et la Grâce* [1]

Sincérité à couper le souffle. Respect ! La philosophe m'apprendrait-elle à désamorcer la colère, la haine qui, décidément, s'attisent pour un rien ?

1. Plon Pocket, 1991, p. 43.

ANESTHÉSIES POLITIQUES !

« Je veux imaginer sous quels traits nouveaux le despotisme pourrait se produire dans le monde : je vois une foule innombrable d'hommes semblables et égaux qui tournent sans repos sur eux-mêmes pour se procurer de petits et vulgaires plaisirs, dont ils emplissent leur âme. Chacun d'eux, retiré à l'écart, est comme étranger à la destinée de tous les autres : ses enfants et ses amis particuliers forment pour lui toute l'espèce humaine ; quant au demeurant de ses concitoyens, il est à côté d'eux, mais il ne les voit pas ; il les touche et ne les sent point ; il n'existe qu'en lui-même et pour lui seul, et, s'il lui reste encore une famille, on peut dire du moins qu'il n'a plus de patrie. »

Alexis de Tocqueville, *De la démocratie en Amérique*[1]

Comment se rebeller sans finir totalement aigri, amer ?

Couldn't care less et engagement, voilà le grand défi !

1. Robert Laffont, Bouquins, 2004, p. 648.

Mais comment s'éveille un *nous*, un collectif?

D'après Tocqueville, les influences de la société sur un individu se joueraient à trois niveaux :

a) Les idées
b) Les sentiments
c) Les mœurs

Serions-nous programmés, conditionnés par *l'amour de la tranquillité*, comme il dit? Comment déraciner la tentation de rester peinard? Et l'esprit de compétition, l'individualisme, ça s'attrape?

Se réveiller! Abandonner comparaison et narcissisme!

Dans une perspective de consommation, qui est l'autre? Un client potentiel, un mystère?

★

S'engager, sans agressivité, sans ressentiment... Sacré défi! Ne pas s'accrocher, laisser passer...

Diagnostic de Spinoza : « Qui imagine que ce qu'il a en haine est détruit, sera joyeux[1]. »

Clair, net, limpide : chacun aspire à croître, à exister toujours davantage, à persévérer dans son être.

1. Baruch Spinoza, *Éthique*, III, proposition 20, GF, traduction Charles Appuhn, 1965.

Le fameux *conatus*... On éprouve de la joie quand on progresse, lorsqu'on accède à une plus grande perfection. On s'enlise dans le chagrin dès qu'on se sent emprisonné, entravé dans son élan vital.

Trois affects de base : joie, tristesse, désir.

Définition toute spinoziste de la haine[1] : tristesse qu'accompagne une chose extérieure comme cause.

Je me dépêtre dans un épais mal-être, je tombe sur un importun qui en rajoute une couche et je me mets illico à le haïr.

Qui essuie la moquerie ? Un homme en voie de libération *à la Épictète* ? Un progressant qui s'exerce en tous lieux ? Un bodhisattva[2] qui connaît le caractère précieux de chaque vie humaine ? Ai-je sous les yeux et dans le cœur l'intensité de la souffrance qui broie toutes et tous, y compris le gars qui me regarde de travers ?

Pourquoi fatalement réagir en paumé à l'épiderme de grand brûlé ?
S'engager et se libérer...

★

1. Baruch Spinoza, *Éthique*, III, *op. cit.*, définition 7 des Affects.
2. Chögyam Trungpa, *L'Entraînement de l'esprit, op. cit.*, p. 33.

LE GRANIT SPIRITUEL

« L'étude nous transforme. Elle fait ce que fait
toute nourriture qui ne "conserve" pas seulement,
— comme le physiologiste vous le dira. Mais, au
fond de nous-mêmes, tout au fond, il se trouve
quelque chose qui ne peut être rectifié, un rocher
de fatalité spirituelle, de décisions prises à
l'avance, de réponses à des questions déterminées
et résolues d'avance. À chaque problème fondamental s'attache un irréfutable : "Je suis comme
cela." Au sujet de l'homme et de la femme par
exemple, un penseur ne peut changer d'avis, il ne
peut qu'apprendre davantage, — poursuivre
jusqu'à la fin la découverte de ce qui était "chose
arrêtée" en lui. On trouve de bonne heure certaines solutions de problèmes qui raffermissent
notre foi. Peut-être les appelle-t-on ensuite des
"convictions". Plus tard... on ne voit dans ces
solutions qu'une piste de la connaissance de soi,
des indices du problème que nous *sommes*, — plus
exactement de la grande bêtise que nous sommes,
de notre *fatum* spirituel, de l'incorrigible qui est en
nous "là tout au fond". — Après la gentillesse dont
j'ai fait preuve à mon propre égard, on me per-
mettra peut-être ici de formuler quelques vérités

sur "la femme en soi" : à supposer que l'on sache au préalable jusqu'à quel point ce ne sont là que — mes *propres* vérités. — »

Friedrich Nietzsche, *Par-delà bien et mal*[1]

Magistral *le coup du rocher de fatalité*! Tout au fond d'un cœur résistent des préjugés solides comme de la pierre. Dur dur de convertir ces régions de l'être, de liquider réflexes et préjugés et de se laisser aller!

Comment éroder, dynamiter ce boulet?

Même la meilleure volonté du monde plie, se brise, cède tant c'est du lourd!

Un *granit spirituel*[2], j'adore. Peurs, credo intime, penchants, aliénations... Par quels moyens faire voler en éclats ce roc?

Conversion orgasmique... Âneries! Baliverne! Maltraitance! Je me suis très vite aperçu du côté bancal et dangereux du volontarisme, de l'acharnement. Mépris de soi, honte de celui qui ferraille sans cesse contre lui-même.

Pour ne plus lorgner les fesses des garçons, *corriger la bête* et vivre un tantinet comme les autres, adolescent, j'ai à peu près tout essayé. J'avais déniché un poussiéreux manuel de

1. Le Livre de Poche, 2000, paragraphe 231.
2. Les traductions de ce terme varient. Les textes allemands parlent de « *ein Granit* ».

psychologie. Un docte savant conseillait aux jeunes gens pris de fantasmes homosexuels de pratiquer, je me souviens encore de l'expression, la *conversion orgasmique*.

D'habiles moralistes, volontaristes à mort, préconisaient qu'au moment de la jouissance on songe très fort à l'image d'une femme pour réorienter le désir dans *la bonne* direction. Brutale *orthopédie* jusque dans ces moments de lâcher-prise... Violente rééducation, au forceps. Au sommet de la détente et de la volupté, il fallait encore *faire effort*, se maîtriser. De guerre lasse, j'ai délaissé la pratique, heureusement !

... Alléger le poids du *granit*... Cesser de le porter à bout de bras. Dire oui à ce que je n'ai pas forcément choisi ? Caractères, manques, blessures...

Et pourquoi ne pas l'aimer sans en faire des tonnes ?

Ne pas confondre le *granit spirituel* et le *centre de gravité* d'une vie.

★

Sacré granit, c'est du lourd ! NE PLUS ÊTRE L'ESCLAVE D'UN PASSÉ !

D'où peut bien provenir une idée, des désirs, une vision du monde ?

Comment se fabrique une personnalité? Un sentiment, des émotions, nos réactions?

Pourquoi opte-t-on pour un style de vie?

Bourdieu et son *habitus*, puissant instrument de libération!

André Comte-Sponville, dans son remarquable *Dictionnaire philosophique*, annonce la couleur : « Un *habitus*, en ce sens, c'est comme une idéologie incarnée et génératrice de pratiques : c'est notre façon d'être nous-mêmes et d'agir comme nous agissons mais en tant qu'elle résulte de notre insertion dans une société donnée, dont nous incorporons inconsciemment les structures, les clivages, les valeurs, les hiérarchies... Par quoi chacun fait librement, ou en tout cas volontairement, ce qu'il est socialement déterminé à vouloir[1]. »

Établir le catalogue de ses plus intimes croyances, son *credo*, pratiquer *une généalogie*, voir à quel point nous pouvons être des hommes, des femmes... *sous influences*!

Une cervelle, se cuirait-elle au *bain-marie*? De quoi la mienne a-t-elle été imbibée, imprégnée?

Se délivrer, entre autres, de ce que nos oreilles d'enfant ont pris pour de l'argent comptant?

---

1. André Comte-Sponville, *Dictionnaire philosophique*, PUF, 2001, p. 268.

C'est dingue cette *intériorisation* des jugements, des projections. Répétez à un individu qu'il est nul, différent, *pas comme les autres* et il finit par y croire et, peut-être même, jusqu'à revendiquer, à faire siennes ces sornettes...

CHEMINS INTÉRIEURS

« Aider les gens à devenir eux-mêmes, voilà le but de l'érudition. M'aider à devenir moi-même afin que je puisse mieux aider les autres à devenir eux-mêmes. »

Lucien Jerphagnon, « À voix nue »[1]

Quitter les vieux réflexes comme l'on se défait de vêtements usés... Qui pense ? Qui agit, réagit en nous ?

★

S'octroyer des *cures d'impuissance*, sans paniquer, sans se braquer, traverser les saisons de l'âme où rien ne progresse, apparemment.

---

1. Interview, semaine du 22 novembre 2014.

MARRE DE SOI

« Je n'ai le cœur à rien. Je n'ai pas le cœur de monter
à cheval, le mouvement est trop violent ; je n'ai pas le
cœur de marcher, c'est trop fatigant ; ni de me coucher, car, ou je dois rester couché et je n'en ai pas
le cœur, ou je dois me lever à nouveau et je n'ai pas
davantage le cœur de le faire. *Summa Summarum* : je
n'ai le cœur à rien. »

Søren Kierkegaard, *Ou bien... ou bien...* [1]

En avoir marre d'être soi et ne pas trouver la moindre
consolation au-dehors !

Sur YouTube, l'espiègle Dzongsar Khyentsé Rinpoché
parle du chemin[2]. Son sourire, contagieux, met illico en joie.

Shantideva... La sagesse consiste à voir la vérité. Morale,
discipline, méditation sont secondaires.

---

1. Gallimard, Tel, 1943, p. 17-18.
2. https://m.youtube.com/watch?v=qA_Kp9v9ZtA

Ouvrir les yeux, reconnaître pour de bon le tragique de l'existence, traquer les mécanismes de la souffrance et de l'attachement. Sinon, comme le dit Dzongsar Rinpoché, on se pourrit vainement les fesses sur nos coussins de méditation, ne recueillant au final que d'éphémères *shoots* de *calme*.

Voir la vérité... Le corps, la fragilité d'une vie, sa préciosité aussi, l'interdépendance, la solidarité qui réunit tous les êtres... Science qui nous met en repos, pour le dire *à la Malherbe*.

★

Ne plus se laisser embobiner par la logique du pire, le souci érigé en système !

Ce n'est pas compliqué ! Dès que l'inquiétude se pointe, pratiquer le *traitement de base*, toujours : poser des actes si possible sans se braquer sur les résultats !

Les mots fameux d'Épictète... « Il y a des choses qui dépendent de nous et d'autres qui ne dépendent pas de nous. Ce qui dépend de nous, ce sont les pensées, la tendance, le désir, le refus, tout ce sur quoi nous pouvons avoir une action. Ce qui ne dépend pas de nous, c'est la santé, la richesse, l'opinion des autres, les honneurs, bref tout ce qui ne vient pas de notre action[1]. »

---

1. Épictète, *Manuel*, I, Hatier Poche, p. 32.

Améliorer ce que l'on peut et se détacher du reste, de tout le reste !

C'est rigolo comme des cabossés majeurs peuvent devenir des maîtres *en insouciance.*

Nietzsche, Trungpa, Bukowski... Cioran !

Face à l'étau de l'angoisse, desserrer.

Le grand art de s'apaiser...

DÉSANGOISSEMENT EN VUE ?

« Cette angoisse qui précède toutes les raisons d'être angoissé, qui invente toutes ces raisons. Le processus de l'angoissement est le suivant : je sens monter en moi un malaise incoercible, malaise vide, envahissant, qui se cherche un contenu ou qui veut se fixer à n'importe quoi : le premier prétexte venu lui est bon, elle s'y rue, elle l'enveloppe et le dévore ; elle a enfin trouvé un aliment. Et c'est ainsi chaque jour : un fait divers, une lettre, un coup de téléphone, un souvenir, une sensation, tout, mais absolument tout lui agrée ; elle n'est vraiment pas difficile, cette angoisse, elle s'accommode de tout. C'est pour cela qu'elle prospère sous toutes les latitudes. Elle est faite pour triompher, puisque tout lui réussit, même ce qui la combat. C'est un poison qui se fortifie de son antidote. »

Emil Cioran, *Cahiers*[1]

Extraordinaire Emil ! On se sent moins seul... Rien qu'un paragraphe apaise, soulage, rassure.

---

1. À la date du 8 juillet.

Inventivité de l'anxieux qui crée de toutes pièces des raisons de se ronger les sangs. L'angoisse précède sa cause. Tout devient menace, danger.

Maître Eckhart : vivre *avec* le souci et non *dans* le souci[1].

Ne pas, dans la mesure de ses moyens, s'enliser dans l'angoisse. Méditer *avec*, à *côté* des soucis sans nager en plein dedans.

Les angoisses? Des mouches qui virevoltent au-dessus de la tête... Les laisser virevolter, sans en faire trop grand cas.

QUELQUES MOTIFS D'*ANGOISSEMENT* CHRONIQUE...

a) Énorme peur de claquer évidemment... Tant qu'on n'a pas dégommé ou atténué ce tourment-là, difficile de se la couler douce... Redouter la mort... Prescience de la non-solidité du moi. Au fond, ça pourrait être un signal des plus libérateurs : « Cool, tranquille, si tu t'attaches, tu vas morfler à tous les coups. C'est automatique, mécanique... »

b) Insécurité par rapport à tout ce qui ne dépend pas de moi, impuissance *métaphysique* à contrôler le cours des choses, d'où obsessions, anticipations, *intranquillité*, volonté débile de tout maîtriser. Tu parles de *jouir* de l'instant présent...

1. Voir Maître Eckhart, *Sermons, traités, poème*, Seuil, 2015, n° 85.

c) Hantise d'être jugé, ravalé à des catégories, rabaissé, dévalorisé...

d) Terreur souterraine de l'abandon, du rejet...

PAS D'ÉCHAPPATOIRE

> « Le problème consiste à adopter l'attitude selon laquelle la douleur doit disparaître et qu'à ce moment-là ce sera le bonheur. C'est la croyance erronée qu'on cultive. La douleur ne s'en va jamais, et nous ne serons jamais heureux. C'est ça la vérité de la souffrance, *dukha satya*. La douleur est toujours là ; on ne sera jamais heureux. »
>
> Chögyam Trungpa, *Jeu d'Illusion* [1]

Donc s'en battre les steaks !

Contre-indication : la dérive individualiste, criminelle, cruelle, traître du *CCL*. Vivre replié sur son quant-à-soi, se retrancher, démissionner tient de l'arrogance et de la lâcheté.

S'engager corps et âme contre les ravages de la *mondialisation de l'indifférence* dénoncée par le bon pape François.

---

1. Seuil, Points Sagesses, 1997, p. 85.

Dans son innocence, un bodhisattva a envoyé balader armures, boucliers. Il ne perd plus de temps dans une gestion ego-tripée de l'existence. Il a dessoudé les tyrans narcissiques.

★

Liquider tout malentendu?

Sagesses hors des sentiers battus, sagesses de *tarés*, de marginaux, de laissés-pour-compte glanées à même les blessures. Une posture? Mon *a priori* comme dirait Nietzsche?

Complètement à sec, je dicte. Difficile de m'extraire du rôle de concessionnaire en bons conseils et ne plus distribuer des modes d'emploi, *mes* recettes usées.

Un proche est en train de rendre l'âme. Depuis huit mois, il est en train de rendre l'âme! À quoi s'arrime une existence?

Nietzsche dit que la présence dans sa vie de sa mère et de sa sœur l'aurait presque empêché d'adhérer à la doctrine de l'éternel retour du même. Comme on le comprend. Elisabeth a macéré dans le fanatisme, la haine. Elle a exploité, trahi son frère[1].

Qu'est-ce qui s'oppose au grand oui?

---

1. Voir Friedrich Nietzsche, *Ecce Homo*, Gallimard, « Pourquoi je suis si sage », 3.

Serait-il possible que, même au sein d'une famille, les vernis sociaux, les conventions, une pudeur nous interdisent de nous aimer, de nous connaître sans retenue?

Des malentendus, Dzongsar Rinpoché dit qu'en amour, il en existe de deux sortes : d'heureux et de malheureux, ceux qui permettent au couple de fonctionner et les autres[1]...

Libératoire! Qui a dit qu'on devait être parfait pour s'aimer?

★

Nécessité impérieuse de *se recréer* pour ne pas finir usé, ratiboisé, sec.

De l'art subtil de nous tenir en joie!

Je me suis maté *Joker* et direct après *The Big Lebowski*. Dingue? Paix et insouciance instantanées. Effet cathartique qui remet d'attaque, allège, rend plus libre d'accueillir *la tourbe des menus maux*.

Qui nous laisse accroire que la sagesse serait une affaire de renfrognés? D'accord, le bricolage, l'amateurisme ne tiennent pas la route et, comme dit Sénèque[2], à force de changer à tout bout de champ sa médication, en multipliant les traitements, en arrachant les pansements, aucune plaie ne parvient à guérir. Pas de tourisme, donc!

---

1. https://m.youtube.com/watch?v=OO3IFS9qe7E
2. Voir Sénèque, *Lettres à Lucilius*, II, 3.

Pratiquer *l'art du moins*. Moins de culpabilité, moins de saisie, de cupidité, de rejet, de jalousie, de peur, de crainte, de fantasme, de projection, d'attente, d'espoir...

★

Zéro dureté, accueillir, tout!

Image dénichée dans le *Gorgias*...

Un *récipient fêlé*[1]... S'enfermer dans la logique du désir, c'est se traîner une vie de soucis, de tiraillements, d'insatisfactions. Mais comment virer le mode *tonneau des Danaïdes* sans tirer violemment le frein à main ni se couper d'un élan, vital?

Passer la deuxième vitesse! Devenir un bodhisattva, déjà essayer d'instiller de la douceur quand tout porterait à l'accaparement, à la volonté de puissance et d'emprise, au *truc de Thucydide*.

---

1. Platon, *Gorgias*, 493E.

DE LA DOUCEUR, BORDEL !

« Pour m'exprimer en image, je jette un pot de
confiture pour me débarrasser de *l'aigreur*. »

Friedrich Nietzsche, *Ecce Homo*[1]

Ne pas résister, distribuer des *pots de confiture* là où
guettent la soif de vengeance, de représailles et la haine
de soi.

L'antidote de la douceur et non le mièvre...

★

Pourquoi est-ce paradoxalement les plaisirs de la chair
qui conduisent à la paix ? Mystère !

En tout cas, plus d'occlusions mentales, fini les angoisses,
trêve, toute provisoire !

1. Éditions Mille et Une Nuits, 1996, p. 28.

S'accrocher à l'ego, c'est morfler à tous les coups!

Escale chez un tatoueur londonien. Sur la jambe empaquetée dans une espèce de cellophane, je lis ces lettres au milieu des égratignures : « Si l'on veut abandonner le projet personnel d'agrandissement de l'ego et réaliser le projet impersonnel de l'éveil, il faut relâcher l'emprise obsessionnelle de l'ego et s'ouvrir le plus possible[1]. »

Abandonner les mesquins projets, les pseudo-responsabilités et se jeter dans la grande vie.

Grand chantier, concilier apaisement et besoin d'affection!

Voilà presque une semaine que, chaque soir, sur les coups de sept heures, Malcolm arrive. Pas de chichis, pas de vernis social.

Les discussions *post-coïtum* roulent presque toujours sur le thème de la *vraie* liberté et s'il faut ou non se préoccuper de l'avenir...

Je dois à ce natif d'Édimbourg des moments bénis, un oubli de soi, une détente.

Rite de passage *quasi mécanique*. Il arrive, on rigole. À peine est-il parti, je commande une lasagne au room-

---

1. Chögyam Trungpa, *L'Entraînement de l'esprit, op. cit.*, p. 150.

service. Joie totale, sobriété, satisfaction du corps et de l'âme.

Sans vouloir me dédouaner... :

DÉLIVRANCE SUR COMMANDE ?

« Ainsi la vie est-elle un trajet d'un moment de
délivrance à l'autre. Et je devrais peut-être souvent
chercher ma délivrance dans un méchant morceau
de prose, de même qu'un homme parvenu au fond
de la détresse peut chercher la sienne auprès de
celles qu'on nomme si vigoureusement des putes,
parce qu'il est des moments où l'on soupire après
une délivrance, n'importe laquelle. »

Etty Hillesum, *Une vie bouleversée*[1]

Il n'y a pas d'objet qui serait philosophique et d'autres
non. Un rouleau de PQ. Quoi de plus banal, inessentiel ?
Et pourtant, si le moment venu il fait défaut, quoi de plus
emmerdant ?

Accueillir, intégrer la marge, la minorité... N'avoir plus
honte de rien !

1. Seuil, 2020, p. 94.

*

Mécanismes du *désir*...

Pourquoi en vient-on à désirer quelqu'un qui nous tire vers le bas et nous bousille ? Reçu un courrier : « Je suis amoureuse d'un abruti, d'un complet salaud, il me maltraite, je n'arrive pas à le quitter tant il me fascine, je le déteste et je l'aime. »

Je le déteste et je l'aime... Face à un aimant, deux solutions : se tirer, détaler, décamper, s'éloigner avec la dernière force de la source ou travailler à s'immuniser contre... l'attirance.

S'immuniser contre les attirances ? D'où vient cette propension à se griller les ailes dans des relations foireuses ? À quoi bon jouer les gros durs et, pour s'éprouver, foncer vers l'être qui nous subjugue ? D'où tirons-nous l'assurance que, ce coup-ci, il ne nous aura plus... ?

Un regard, un sourire, les traits d'un visage d'un coup fendent, foudroient l'armure.

*

En voilà un qui ne s'encombrait pas de l'opinion d'autrui. Diogène le Cynique n'a pas hésité à s'adonner au plaisir solitaire en pleine place publique. C'est qu'il en avait, des...!

À propos d'auto-érotisme, Wikipédia est formel : 90 % des hommes y ont recours en moyenne quinze fois par mois. Le plus instructif, c'est que 60 % des garçons s'y livreraient pour se soulager (pour la détente, la mort de l'ego peut-être, une soupape, une échappatoire), 56 % s'y consacreraient en vue du plaisir et 54 % pour la relaxation. 26 % des Onan pratiqueraient la chose pour ses vertus soporifiques! Somnifère efficace et gratuit, à portée de main!

Diogène... Du très très lourd! Tout sauf un provocateur du dimanche. Quelle simplicité! Quelle liberté! Pourquoi avoir honte d'un besoin naturel et exhiber sans vergogne colères, préjugés, ignorance?

Face au maître du monde qui lui proposait tout, il aurait rétorqué : « Ôte-toi de mon soleil! » Si le grand Alexandre rappliquait ou une fée, un bon génie, quelle liste lui présenterais-je? Avant tout, de l'apaisement, pléthore de tendresse, de l'allégresse et surtout des louches d'insouciance!

Liquider du même coup la croyance que plaisir, joie, bonheur seraient un *délit*! Salaire au mérite, mon œil!

★

Au cœur de l'angoisse, véritable comportement de clébard. Mécaniquement, docilement, je suis la baballe, j'y cours.

Métaphore bouddhiste à méditer : face aux ruminations, ne plus réagir à la manière d'un chien, qui se précipite langue pendante derrière le projectile, mais en lion qui se retourne et dévore celui qui a balancé le bout de bois.

Rugir en lion, dévorer, neutraliser l'angoisse à son origine!

★

Marx à la rescousse !

La maison est en flammes, elle crame de fond en comble et il faudrait se prendre en main, poser son arrière-train sur un coussin et méditer tranquillement, peinard !

Je viens d'écouter un podcast sur Karl Marx[1], lumineux !

Grand principe à tirer de l'auteur de *L'Idéologie allemande* : au lieu d'accabler un individu qui souffre et le renvoyer sans cesse à *sa* responsabilité, à l'autogestion, oser remettre en cause les conditions sociales qui nous imposent un rythme de dingue. Poser des actes pour que personne ne se retrouve sur le bas-côté.

Éteindre l'incendie, agir, réparer, porter remède aux injustices, soulager les exclus !

Je suis plus que convaincu que le paquet de mal-être qu'on se trimballe ne provient pas de *soi* seul. Les pressions, les violences sociales fabriquent des cargaisons de souffrances. Ne jamais devenir complice d'un système inique, retrousser ses manches !

Un bodhisattva s'attaque aux causes ! Vivre constamment le pied enfoncé sur la pédale d'accélération, surnager

1. *Karl Marx, un cours particulier de Henri Pena-Ruiz*, Frémeaux & Associés.

tant bien que mal dans un bain toxique ratiboise, bousille...
Et l'on finit par couler !

Épicure, Héraclite, Démocrite, tous à leur manière ont pris de sacrées distances envers la cité, la place publique et leurs contemporains ! Sans parler de Descartes, Spinoza (pour une grande part, forcé de vivre à l'écart !) et de l'errant de Sils Maria qui ne trouvait aucun lieu où être, *durablement,* heureux.

Les fantômes intérieurs et, en sus, les assauts de l'extérieur, un monde qui court et juge à toute vitesse !

S'engager, interroger, critiquer le *chacun pour soi,* le *marche ou crève,* le *quand on veut on peut,* la précipitation, les exclusions ? Ne jamais démissionner !

Bien faire le départ entre rebelles et écorchés, bodhisattvas et résignés !

La société nous rendrait-elle malades, dingues, *aliénés* ?

Cadence de fou, individualisme forcené, logique du *moi d'abord,* pressions, compétitions à outrance, comparaisons, charges mentales, injonctions paradoxales, écrasants standards, méga solitudes, précarités...

Il y a vraiment de quoi péter un câble !

DES ÊTRES DE LIENS ?

« L'essence humaine n'est pas une abstraction inhérente à l'individu isolé. Dans sa réalité, elle est l'ensemble des rapports sociaux. »

Karl Marx, *Thèses sur Feuerbach*[1]

Fuir la société ? La transformer, comment ?

Après tout, c'est la société qui décide, qui décrète, qui distribue des rôles selon le stock d'étiquettes à disposition : tire-au-cul, marginal, loser, handicapé, noir, homo et *tutti quanti*. C'est elle, aussi, qui, pour reprendre une expression chère à Freud dans *Malaise dans la civilisation*, impose un *sacrifice pulsionnel*. Mais c'est quoi, c'est qui la société ?

Qui peut laisser libre cours à tout ce qu'il est dans le métro et se lâcher, se détendre sans craintes ? Faut-il forcément s'insérer dans un moule, des protocoles ? À l'institut,

1. « Sixième thèse ».

il nous arrivait de hurler pour exprimer notre joie, la partager. Difficile d'imaginer, au rayon d'une librairie, se laisser aller en des cris tonitruants! Et pourtant, quoi de plus naturel?

Oter les camisoles de force qui rendent malade, vivre *tous ensemble* en paix!

Qu'est-ce qui nous réunit? La recherche d'un profit?

★

Qu'est-ce qui *me* manque pour être heureux? Liquider ce faux problème de toute urgence?

Sur l'échelle du bonheur, de 1 à 10, où se situer? Si 10 correspond à la félicité, au sommet de la béatitude, au top du top et 1 au désespoir?

User de ce baromètre sans patauger dans le dualisme! Un état des lieux, rien d'autre! Se débarrasser de tout esprit binaire... *Je suis heureux, je suis malheureux, j'aime, je n'aime pas, je suis bien, je me sens au plus mal.*

Simplement contempler! Ai-je goût à la vie, aux autres? J'éprouve de la joie, un amour ou néant? Pas de jugement! Aucun commentaire!

NI EXISTANT NI INEXISTANT

« Vous enseignez que les phénomènes ne sont ni existants ni inexistants,
Qu'ils se produisent tous à partir de certaines causes dans certaines circonstances ;
Qu'il n'y a pas de moi, pas de karma, et pas d'entité qui en subisse les effets.
Mais que les actes bons et les actes mauvais ne se perdent pas pour autant. »

Soûtra de la liberté inconcevable,
Les Enseignements de Vimalakîrti[1]

Génialissime! Les phénomènes ne sont ni *existants* — pourquoi s'attacher, s'agripper? — ni *inexistants*.

Il n'y a pas de *moi* ni de *karma*. Ni d'entité qui subisse quoi que ce soit. Ne pas en déduire qu'il faut se retirer, au contraire, y aller à fond, glisser, plonger!

1. Fayard, 2011, p. 28.

S'abandonner dans *la protection de la vacuité*! Sans rien solidifier.

S'en contrebalancer et se consacrer à plus grand que soi, au bonheur des autres!

Sur une échelle de 1 à 10? Franchement, qu'est-ce que j'en ai à battre? Dans l'absolu, on peut très bien dégringoler à – 2 et être parfaitement heureux, *quand même*!

La joie inconditionnelle, c'est la joie dans *ces* conditions, aucun prérequis, rien, que dalle!

C'est le bordel mais il n'y a pas de problème!

Ne plus s'épuiser à vouloir gravir les échelons d'un confort intérieur. Se libérer de cette ascension fatale, quitter ses repères, cette obsédante *grille de lecture*...

À combien es-tu sur l'échelle du bonheur? Je m'en cogne. Je ne crains plus les montagnes russes.

Et mon enfant, la chair de ma chair? *Existant* ou *inexistant*? Montagne, rocher ou rivière?

À chaque minute, la source jaillit, se donne. Elle meurt, se renouvelle. *Panta rhei...*

*

Faire fi du passé?

Glisser, s'ouvrir toujours et encore, loin des blocages, des crispations !

Une culpabilité, *la* culpabilité, ça doit bien pouvoir se flinguer !

CULPABILITÉ MÉTAPHYSIQUE

« Or cela ne vient pas de l'*Antiquité*, et c'est pourquoi la tragédie grecque dans laquelle il est si généreusement question du malheur et de la faute, mais dans un sens si différent, fait partie des grandes libératrices de l'âme, dans une mesure que les Anciens ne pouvaient pas eux-mêmes ressentir. Ils étaient restés candides au point de ne pas établir de "relation adéquate" entre la faute et le malheur. La faute de leurs héros tragiques est sans doute le petit caillou sur lequel ils trébuchent et ainsi se cassent un bras ou perdent un œil ; le sentiment antique dit alors ceci : "Oui, il aurait dû se frayer son chemin avec plus de prudence et moins de témérité !" Mais c'est seulement au christianisme qu'il revient de dire : "Voici un grand malheur, et derrière celui-ci *doit* se cacher une *faute lourde équivalente*, quand bien même nous ne la verrions pas distinctement ! Et si tu ne ressens pas *cela*, malheureux, c'est que tu es *endurci* ; tu en connaîtras de pires !" »

Friedrich Nietzsche, *Aurore*[1]

1. GF, 2012, paragraphe 78.

Pourquoi se traquer, se scruter, s'analyser sans pitié...?
Bourreau systématique et acharné de soi. Je paierais
quelqu'un pour me malmener, il ne ferait pas mieux.

De quoi suis-je coupable *à mes propres yeux*?

Ce n'est pas de ma faute... Dans *Les Liaisons dangereuses*,
arguments du vicomte de Valmont : ce n'est pas de sa faute,
c'est plus fort que lui s'il est un triste sire, un pauvre type...

Qu'est-ce que je me reproche au fond?

D'avoir échappé à l'institut tandis que d'autres...

Se la jouer à la saint Augustin, à la Rousseau? Je n'ai
volé ni pomme ni poire mais un galet peint à la bouche par
un infirme.

Dans la salle d'ergothérapie, un beau caillou rouge, vert et
jaune. Un caillou à visage d'Indien. Je ne sais pas ce qui m'a
pris. J'étais seul. Et hop, c'était plus fort que moi, je l'ai glissé
dans la poche. J'ai volé un paralysé! J'ai un cœur de pierre!

Quoi d'autre? Plus tard, à l'université, une fois par tri-
mestre, ces virées clandestines à Berne pour faire main
basse sur des revues. Après m'être rincé l'œil, je balançais
du haut d'un pont les magazines, me jurant chaque fois
que je déracinerais de mon être toute tentation.

Qui dira l'étendue et les dégâts de la détestation de soi et
du narcissisme?

Le péché, accablante notion! Comment lui tordre le cou? À force de traîner aux côtés d'âcres prédicateurs, on en viendrait presque à choper une sorte de *culpabilité métaphysique*. Culpabilité qui ne se porte plus sur un acte en particulier mais qui englobe carrément tout l'être. Savourer c'est pécher, c'est ça de pris aux autres... Comment peut-on nager en plein bonheur quand tant de gens endurent le calvaire? Comment peut-on ne pas finir son assiette, laisser les haricots...?

Je confesse à Dieu tout-puissant... Vieille antienne mécaniquement rabâchée et rabâchée... Une ascèse mal digérée peut vite déteindre, virer à l'insatisfaction permanente, à une *maladie du scrupule*. Jamais je ne serai à la hauteur, j'ai contracté une dette abyssale. Sans parler du sexe, des envies, des besoins...

C'est fou comme on peut dresser un être! Et combien il faut du temps pour se défaire des balivernes, des sornettes que l'on assène à des oreilles d'enfants.

Antidote à la Chögyam Trungpa : creuser, descendre vers notre *santé fondamentale*, vers la bonté, la nature de Bouddha... Y accourir... Sans carotte ni bâton!

Maître Eckhart... « Dieu, libère-moi de Dieu[1]! » « Dieu, libère-moi du dieu de l'institut, du dieu de ces sèches religieuses, de la clique des castrateurs, des juges, des

---

1. Maître Eckhart, *Les Sermons*, Albin Michel, 2009, Sermon 52.

bourreaux, d'un dieu surveillant qui ne laisse aucun répit et qui a vu que j'avais dérobé ce caillou ! »

Laisser la culpabilité comme on abandonne un vieux vêtement, quelle liberté !

Dégainer son flingue spirituel et dessouder toute image de soi.

★

Soins médicaux façon *CCL* !

Rendez-vous dans un centre pour *les hommes ayant du sexe avec les hommes...* Je rase les murs. J'ai l'impression de passer au garage pour le contrôle des 100 000 kilomètres.

Une infirmière hyper sympa rapplique, lumineuse !

Quand la situation se complique, elle apaise, direct. Frottis devant, frottis derrière, la totale ! Tests sanguins VIH, hépatite, syphilis, fonctions rénales... *Service après-vente*, après coups, après Londres !

À l'institut, les employés mettaient carrément des gants, je crois, pour nous laver. Et là, on rigole, sans honte. Naturel et déculpabilisant !

Suivent un grand sourire et un questionnaire.

— Ça va, vous, ces temps-ci?

— Oui, à part le manque d'affection et pas mal de culpabilité mais ça va mieux!

— Et la famille?

— Super! J'ai une sacrée chance, tout va bien. Ah oui, pas mal d'angoisses, surtout pour mon fils. On dirait que je projette, que je me vois à sa place. J'imagine forcément qu'il va morfler, louper l'école, choper un glioblastome ou un truc du genre.

— Vous ne pensez pas que vous êtes un bon papa et qu'il est protégé? La poisse, ce n'est pas forcément héréditaire.

— Je suis hyper anxieux, de plus en plus. J'attends toujours une tuile, comme s'il fallait payer tous les bons moments!

— Et côté intimité, sexe?

— Ça va... Je cherche surtout de l'affection (je n'ose pas lui parler de mon truc du bodhisattva de la tendresse). Oui, grosso modo, ça va. Besoin de tendresse, énorme, comme tout le monde j'imagine.

— Pardon, c'est pour les stats... Vous vous définiriez comment? Plutôt hétérosexuel, homosexuel, bisexuel, en questionnement...? (Je n'ai pas retenu toute la liste.)

— Homosexuel! (Je réponds par bravade, par fierté. Pour congédier définitivement toutes mes éducatrices et les humiliations, je réponds «homosexuel».)

— Vous vous en foutez un peu? (Elle rit.)

— Oui, j'aimerais même m'en foutre carrément mais j'ai encore peur. J'ai commencé à le dire mais, en venant ici, j'ai quand même regardé dix fois si on ne m'avait pas repéré.

— Ça changerait quoi, en gros, qu'on sache?

— Peur du rejet... Je me trimballe déjà un paquet d'étiquettes.

— Votre femme, vos enfants, ça poserait un problème pour eux?

— Non, de ce côté-là, aucun souci, zéro secret. Ce sont plutôt les autres.

— Qui?

— Ben, tous les autres!

— Ça en fait du monde à contenter. C'est une pression de ouf, non?

Manque flagrant de confiance en autrui. Comme si les autres me jugeaient. Et s'ils n'en avaient rien à cirer?

★

La, le bodhisattva est tout sauf châtré, amputé, insensible. En elle, en lui, bat un cœur ardent...

Le hic, c'est de glisser hors de l'attachement, des dépendances, des besoins tyranniques!

AIMER DES ÊTRES
EN CHAIR ET EN OS !

« Tous les hommes sont menteurs, inconstants, faux, bavards, hypocrites, orgueilleux et lâches, méprisables et sensuels ; toutes les femmes sont perfides, artificieuses, vaniteuses, curieuses et dépravées ; tout le monde n'est qu'un égout sans fond où les phoques les plus informes rampent et se tordent sur des montagnes de fange ; mais s'il y a au monde une chose sainte et sublime, c'est l'union de deux de ces êtres si imparfaits et si affreux. »

Alfred de Musset,
On ne badine pas avec l'amour[1]

Un brin macho tout de même !

Relever le défi ! Aimer, se dégager, se délivrer, se donner dans un monde de névrosés, de blessés, de mendiants d'affection, de *menteurs*, de *perfides*, d'*hypocrites* aussi...

Qui aime qui ? Quoi ? Comment ?

1. Librio, 2016, scène 2, acte V.

Qui? Un paquet de névroses, un fatras de manques, un écorché vif? Qui?

Quoi? Comment esquiver projections, fascinations, malentendus?

Slalom géant entre nos faiblesses, la médiocrité, la mesquinerie des êtres humains, très humains... Et les pièges, les leurres de l'idéalisation... Zigzaguer, apprendre à aimer des êtres en chair et en os.

LA CRISTALLISATION
STENDHALIENNE

« Aux mines de sel de Salzbourg, on jette, dans les profondeurs abandonnées de la mine, un rameau d'arbre effeuillé par l'hiver ; deux ou trois mois après on le retire couvert de cristallisations brillantes : les plus petites branches, celles qui ne sont pas plus grosses que la patte d'une mésange, sont garnies d'une infinité de diamants, mobiles et éblouissants ; on ne peut plus reconnaître le rameau primitif. »

Stendhal, *De l'amour*[1]

Dans *De l'amour*, les fameuses cristallisations stendhaliennes...

Dissection, anatomie de l'attirance...

1) *Admiration*... On est charmé, subjugué par un être... Avalanche de projections.

1. Gallimard, Folio Classique, 1980, p. 31.

2) *Espérance...* On croit qu'il serait possible de *concrétiser* même sur un malentendu... La folle du logis prend le relais et construit ses châteaux en Espagne.
3) *Naissance de l'amour...* Coup de foudre. Tomber amoureux. Curieuse expression!
4) *Cristallisation... Le coup du rameau* dans toute sa splendeur! L'amant orne, exagère, rend parfait, irréprochable, *surhumain* l'élu de son imagination. Idéalisation féroce! C'est sacrément violent quand on y pense!

Aimer les rameaux, tout nus, sans parures, en toute simplicité!

SFCDT, Se Foutre Carrément De Tout... Du Trungpa? Du Stendhal tout craché, une de ses devises...

★

SFCDT... Quitter ses tracas, voilà l'ascèse, un véritable *gai savoir*!

Qu'est-ce qui *détourne* vraiment des soucis? La lecture, la méditation, une partie de jambes en l'air, d'authentiques rencontres...

Superbe documentaire sur Nietzsche! *L'alpiniste et le « prophète »*[1]... La musique avait cet effet sur le philosophe, elle le *détournait* du souci.

---

1. *L'alpiniste et le « prophète ». Curt Paul Janz, Nietzsche et la musique*, un film de Bertrand Theubet et Jean-Luc Bourgeois.

Lumineuse métaphore de Curt Paul Janz, l'un de ses premiers biographes : à l'aube, le soleil n'apparaît jamais d'un coup. Il surgit, il pointe étape par étape. La joie, la libération, l'éveil aussi.

Existerait-il des caractères, des traits, des plis, un *granit* ? L'enfance nous marque-t-elle à jamais ? Ne ressasse-t-on pas sempiternellement les mêmes problèmes ? Ne recyclons-nous pas les mêmes questions, les anciens traumatismes *ad vitam aeternam* ? Sacrée psychose de répétition... *Éternel retour du même* ?

Laisser poindre...

★

Le genre, le sexe et les préjugés...

S'accommoder de la bêtise, jamais ! *Couldn't care less* et vigilance...

Édifiante consultation auprès d'un médecin expert en maladies chroniques.

Le sexe, c'est clair, ou presque. Il y a des êtres humains dotés d'un pénis, d'autres d'un vagin, c'est *physiologique*. Quant au genre, c'est entre autres l'image, les rôles sociaux, les clichés qu'on peut associer à l'un et à l'autre sexe.

Tant de piteuses et tenaces caricatures. Le bleu pour les garçons, le rose pour les filles, les camions, les poupées, la dînette...

Et les répartitions, les catégorisations qui vont avec : d'un côté les vertus prétendument féminines, calme, douceur, écoute ; de l'autre, sommet de la masculinité, courage, force, affirmation de soi.

Terrible, choquant ! Si on se présente chez un médecin, on sera accueilli différemment selon notre genre, notre sexe, notre statut social. Le corps médical souffrirait de biais cognitifs, interprétatifs, de préjugés.

Ignorance, raccourcis, maltraitance !

Révoltant ! Des études relèvent des inégalités flagrantes. Si c'est un patient ou une patiente qui débarque dans un cabinet, la prise en charge, le traitement peuvent varier du tout au tout. Dans certains cas, il y a même plus de risques de se choper des complications si on appartient au genre féminin.

Médecine à la tête du client ?

Décidément, on n'est pas tous égaux. Sur la différence des sexes se greffent l'inégalité, l'injustice, les préjugés.

C'est un fait que l'autisme est moins détecté — passe plus inaperçu ! — chez une jeune fille. Après tout c'est *normal*... «Les filles sont introverties, intériorisées, calmes... » Négligence, délires, *diagnostic à l'aveugle.*

VIGILANCE

« Chaque chose crie pour être lue autrement. »

Simone Weil, *La Pesanteur et la Grâce*[1]

Autre observation scientifique! Les recruteurs sélectionnent un candidat selon des critères qui peuvent évoluer en fonction de l'heure de la décision. Avant la pause de midi, en fin de journée, ils se montrent peu ouverts à la différence et tranchent tout net pour des *spécimens* de la catégorie considérée comme *standard*... Si on espère passer entre les gouttes, il vaut mieux tenter l'examen quand le chasseur de tête a le ventre bien plein.

Sacrée violence! Lire *autrement*, bazarder nos valises d'étiquettes pour envisager la réalité nue, sans enfermer quiconque dans des cases.

---

1. Agora, 1998, p. 215.

Répondre à la question « Qui es-tu ? », sans le vernis du statut social, sans adjectif, vierge de qualificatif.

★

À Londres, sur le cœur de Malcolm, j'ai connu une paix, intermittente. La fin provisoire des combats et des manques. Étrange paradoxe ! Le corps prodigue ce que l'âme cherche avec tant d'efforts. Une innocence, de l'insouciance, l'oubli des tiraillements, un répit.

Le sexe nous plonge aussi en plein tragique. Il nous échappe, nous tourmente. Haut lieu du don de soi et de la grâce, il peut très vite virer à l'obsession, attiser l'attachement, enflammer les dépendances.

Se réconcilier avec le corps, dire oui au monde...

Il me fascine tant ce type, épaisses moustaches, regard sombre. Dans la tonne de philosophes que je m'enfile, Nietzsche sort du lot, résiste, décape, m'aide à maintenir le cap...

Via da Maria 67, Sils Maria, Haute Engadine, *à 6 000 pieds par-delà l'homme et le temps...* Une petite maison adossée à la forêt...

Le père d'*Ainsi parlait Zarathoustra* a séjourné dans cette modeste pension. Une chambre bas de plafond, un plancher qui grince, une petite fenêtre qui donne sur la vallée. Sur le mur, des vestiges d'une tapisserie verte. Le philosophe égrotant avait fait installer, pour protéger des yeux hypersensibles tout près d'exploser, une toile verdâtre. J'imagine les migraines, les vomissements, les crampes d'estomac, les fulgurances et la solitude que Nietzsche a traversés entre ces quatre murs.

Dehors, mon fils monte la garde. Surtout, il ne faut pas que le charmant monsieur qui tient le musée me prenne en flagrant délit. À peine débarqué dans la demeure du philosophe transformée en musée, en maison d'hôte pour thésards et chercheurs *ès Nietzscheries*, je me faufile dans la pièce où le penseur a résidé, touche religieusement les lambris. J'imagine le souffle, la digestion, le sommeil du maître, ses luttes, ses combats. Ici, il s'est lavé, a écrit, a pensé. Sous ce toit, il a sans doute rêvé à des femmes.

Refermant l'épaisse porte, je pousse le verrou et en un tour de main je me retrouve nu sur le plancher.

Ce putain de corps, ces manques, les pulsions, le désir, voilà ce qu'il faut jeter dans le feu de *l'amor fati*. Lui, il le sait que nous ne sommes pas « des grenouilles pensantes[1] ». Je l'écoute quand il parle de grande santé, avec sa chair, son âme, son esprit rongé par la maladie, lui qui dégueulait, broyé de douleurs.

Me voilà donc dans le plus simple appareil, *à 6 000 pieds par-delà les hommes...* Étrange nécessité de passer par ce baptême du feu, ce baptême du corps.

1. Friedrich Nietzsche, *Le Gai Savoir*, Le Livre de Poche, 1993, préface.

On ne philosophe pas par le truchement de l'esprit seul, du bout des lèvres, c'est tout l'être qui appelle la conversion.

Je remets le tapis en place, je me relève, empoigne le caleçon, le pantalon, le pull...

Rébellion, contestation, acceptation peuvent avancer main dans la main !

★

Aucun acharnement thérapeutique, pas d'insouciance arrachée au forceps ! Tranquille !

Se réconcilier avec l'impuissance...

Nietzsche écrit dans *Ecce Homo* : « Ma philosophie fait la guerre à tous les sentiments de vengeance et de rancune, jusque dans la doctrine du libre arbitre[1]. »

« Quand on veut, on peut ! », sornettes, billevesées et calembredaines ! Je veux bien devenir un patineur artistique, jouer du violon, je veux bien être heureux, libre, je veux, je veux, je veux.

Propos d'une rescapée du cancer à qui l'on vantait son courage, sa volonté d'airain. Réponse lumineuse : « D'autres

---

1. Friedrich Nietzsche, *Ecce Homo*, Éditions Mille et Une Nuits, 1996, p. 31.

avec autant de détermination et de courage y sont restés. J'ai aussi eu un paquet de chance! »

Le discours volontariste me gave. Quasi-prise de bec avec un type qui croyait *mordicus* en son libre arbitre. Je l'entends encore pérorer : « On est maître de sa vie, bon sang! On tient le gouvernail! À tout moment, tu as le choix d'opter pour la décision juste. Tu es toujours libre d'interroger ta conscience et d'écouter la voix de la raison. » La voix de la raison, mon œil!

Sur le coup, j'ai voulu le convaincre. Sacré autogoal! Je me grille en essayant de contre-argumenter, me vautre. Espérer le faire changer d'avis, c'est croire qu'il aurait le choix de penser autrement. Convertir un champion du libre arbitre, quel fanatisme! Pourquoi d'ailleurs se sentir menacé dès que le premier venu pense différemment?

N'empêche que devant la morgue, le toupet, l'opiniâtreté, j'ai envie de casser la figure à plus d'un.

C'est plus fort que moi. Vouloir tout maîtriser, tout contrôler, tout diriger, quel poids!

C'est comme si Sisyphe tenait non-stop son rocher à bout de bras.

Il faut du cran pour lâcher, arrêter de lutter. Mais à bien y réfléchir, c'est carrément surhumain de s'esquinter à tenir ce boulet, à contrôler en permanence le cours des choses.

L'ego, le moi, pourquoi les imaginer comme une sorte de cerf-volant qu'on pourrait diriger à notre guise? Un machin qui, imperturbable, planerait loin du corps, loin du passé, dans un monde idéal, abstrait, fixe, indépendant?

Exercice du jour : observer combien peu on s'appartient et s'en réjouir!

★

Il paraît que Kierkegaard était miné par des idées obsédantes jusqu'à s'imposer de maintenir son appartement à une température ad hoc!

La *maladie du scrupule*, je connais... Je viens de passer des heures à essayer de retrouver un mot de Cioran.

Pensées magiques à gogo. Je crois vraiment que si je n'accomplis pas un rituel absurde, comme dénicher une citation, un de mes enfants va disparaître dans d'atroces souffrances? C'est dingue mais oui!

Autopunition, culpabilité, perfectionnisme, relents religieux? Il doit y avoir un sacré cocktail derrière ces peurs-là.

Super aubaines pour pratiquer le *SFCDT*!

★

Concrètement, se rebeller contre *l'indifférence généralisée,* contre la gangrène de l'individualisme, retrousser ses manches et s'engager, devenir des *mécaniciens*, des carrossiers solidaires !

Dans *Argent, sexe et travail* — vaste programme ! — Rinpoché invite à prêter main-forte, à voler au secours de tous les êtres vivants, à nous transformer en *mécaniciens*[1]... Devant des tôles froissées, un pare-chocs brisé, pas de temps à perdre. Aucun discours qui vaille ! Poser des actes, mouiller sa chemise, y aller franco.

Oppressant, cruel, ce flot de conseils, de commentaires que l'on assène à celui qui se heurte déjà à une vie passablement compliquée ! Je rêve de carrossiers pour bobos de l'âme qui vous retaperaient en moins de deux.

Méditer, c'est s'arrêter au garage, réparer la mécanique, voir les boulons qui se dévissent, s'ajuster.

Si la résilience — ce concept me gonfle — signifie un retour en arrière, au stade d'avant, *à la normale*, c'est illusoire, irréaliste, voué à l'échec.

La résilience... La métaphore vient de la métallurgie ! Est résiliente une plaque qui retrouve sa forme initiale après avoir ramassé un coup.

Un cœur n'est pas en tôle et le passé ne se refait pas. Inutile de cogner avec son marteau. Il est des blessures qui demeurent jusqu'à la mort. *Guérir* de l'idée de *guérir*.

---

1. Voir Chögyam Trungpa, *Argent, sexe et travail*, Seuil, 2014, p. 50.

Le Bouddha n'y va pas par quatre chemins : la souffrance naît de la fixation. Se figer dans une identité, s'accrocher à un passé, à *sa* forme initiale c'est en baver à coup sûr ! Glisser, naître d'instant en instant...

Un carrossier sait faire feu de tout bois. Il n'hésite pas à utiliser tous les moyens du bord, roues de secours, ficelle, mille expédients de fortune.

Souvent, j'ai observé mon père et mon frère fabriquer des *caisses à savon*. Ils récupéraient du matériel, des pneus, des bouts de tôle, de la moquette, et, grâce à un talent fou, il en sortait un véhicule tout droit venu des *Vacances de monsieur Hulot*.

Débrouillardise, système D, ingénieux recyclage... Nous tenons plus de la caisse à savon que de la bagnole rutilante, nickel, impeccable.

DU MOMENT...

« Vous commencez à vous sentir bien, par exemple, lorsque vous touchez à une pierre parce que vous sentez que cette pierre n'est pas continue, qu'elle est la pierre du moment. Lorsque vous tenez votre éventail, c'est l'éventail du moment ; lorsque vos yeux clignotent, c'est le battement de paupières du moment ; lorsque vous rencontrez des amis, ce sont des amis du moment. On ne s'attend à rien et on n'exige plus rien. Tout est vu clairement. »

Chögyam Trungpa, *Le Cœur du sujet*[1]

Sur l'étagère de la bibliothèque trône un Bouddha couché. Je lui jette un regard et, tranquillité immédiate, paix, calme insondable !

Au ras du sol, sourire aux lèvres, il est là, peinard. Peinard mais pas démissionnaire ! Pas de pose ni de posture, il flotte carrément. Je l'observe. Il me détend.

1. *Op. cit.*, p. 33.

Je rêve de Bouddhas couchés, placés à chaque carrefour pour freiner ce remue-ménage, ce tourbillon d'agitations, de précipitations. On finirait presque par vivre comme si on travaillait tous pour DHL!

Bouddha couché... Bouddha solidaire, bienveillant et rebelle.

Contre quoi se rebeller? La bêtise, comme Nietzsche. L'individualisme? Cette *primo-confusion* qui nous laisse croire en une existence séparée, distincte de l'autre, du monde, de la vie, indépendante façon *causa sui*.

EN AVOIR MARRE DE SOI-MÊME !

« La morosité souvent persistante dans sa monotonie et sa grisaille, mais qui ne saurait se confondre
avec la mauvaise humeur, est si peu rien que c'est
justement en elle que le Dasein arrive à n'en plus
pouvoir de lui-même. »

Martin Heidegger, *Être et Temps*[1]

J'en ai marre ! Certains matins, je ne peux carrément plus
en avant. Comme si je n'arrêtais pas de ramasser des coups
sur la figure, comme s'il fallait, chaque fois, remonter sur
le ring.

Elle a de la gueule, la phrase d'Heidegger : « le Dasein en
arrive à ne plus pouvoir de lui-même ».

Lourdeur, abattement, culpabilité, ennui, mauvaise
conscience, manques, tiraillements...

1. Gallimard, 1992, p. 134.

On en arrive à en avoir *marre de soi-même…*

Exténué, harassé, crevé, vidé…

Sans errer dans les hautes sphères heideggériennes, je vois bien l'usure, la lassitude.

Je viens de consulter sur Internet un article intitulé « Vaincre la fatigue ». Rien que le titre me met K.-O. Découragement total !

Lutter, résister, refuser… Cesser de combattre, d'accord. Mais comment, dans le carnaval social ? Comment baisser un peu la garde ?

LA NON-LUTTE

« La lutte est l'ego. Une fois que vous abandonnez
la lutte, il n'y a plus personne pour la vaincre ; tout
cela s'évanouit. »

Chögyam Trungpa,
Pratique de la voie tibétaine [1]

Bouddha couché ou Bouddha complètement raide !

Étiologie de la fatigue...

D'abord, sans conteste, son aspect physique. Se trimballer
cette carcasse, l'entretenir, l'alimenter, apaiser les besoins,
garantir un minimum vital.

Et l'insatisfaction, le sentiment d'éparpillement, de
papillonnage permanent !

1. Seuil, 1976, p. 94.

Un rat qui court, s'agite en tous sens à la recherche d'un sussucre. J'ai arrêté Grindr...

Les sucres d'une vie ?

Le subversif Wittgenstein avait coutume de saluer qui le croisait par un « *Take your time!* », « Prends ton temps ! ». Ralentir ! Un bon disciple du philosophe autrichien ne passerait-il pas pour un sacré tire-au-flanc en ces temps hyperactifs ?

Dans ce catalogue, il ne faut pas omettre la *fatigue sociale*, le surmenage, la *charge mentale*, cette obligation d'aligner les rôles, de répondre sur-le-champ aux exigences et la peur de déplaire, de décevoir. Des boulets dans les pattes !

Actuelle, *inactuelle*, intempestive, ringarde, la *recommandation* de Nietzsche ?

TRANQUILLE !

« On a maintenant honte du repos : la longue
méditation occasionne déjà presque des remords.
On réfléchit montre en main, comme on déjeune,
les yeux fixés sur le courrier de la Bourse, — on
vit comme quelqu'un qui craindrait sans cesse de
"laisser échapper" quelque chose. "Plutôt faire
n'importe quoi que de ne rien faire." »

Friedrich Nietzsche, *Le Gai Savoir*[1]

La fatigue, un signal d'alarme, une indication? Suis-je
en train de me fourvoyer, de m'enliser dans *l'inauthentique*,
de carburer en surrégime?

Le degré de mon épuisement serait-il proportionnel à un
manque de pratique du *SFCDT*? Harassante question!

SFCDT... S'en foutre carrément de tout...

---

1. Robert Laffont, Bouquins, 1993, 329.

★

Étrange nécessité que d'inscrire dans la chair une direction, la *marche à suivre*!

Je rêve de m'atteler à la rédaction d'un *antimanuel de méditation*. Comme si ça guérissait tout... Mon cul!

« Méditer! », « Méditer! », « Méditer! », assommantes injonctions! Cet engouement, cette mode, cette vogue qui procède de la récupération me révolte. Sans doute n'ai-je pas assez médité! Et dire que le zen convie à pratiquer *sans but ni esprit de profit*.

Le tragique d'une existence est sans remède, sans appel! Affaire classée! Il sera toujours vain d'essayer de bricoler une solution. Aucune baguette magique, pas de panacée, rien, nada.

Touchant à la pratique, l'essentiel tient en une poignée de mots, incandescents. Sur la fesse gauche, je me suis fait tatouer *l'ordonnance des ordonnances*!

MÉTHODES À LA TILOPA

« Ne pensez pas, ne réfléchissez pas, ne connaissez pas, ne méditez pas, n'analysez pas. Laissez l'esprit tel qu'il est. »

Ringou Tulkou Rimpotché,
Et si vous m'expliquiez le bouddhisme ?[1]

Pourquoi géolocaliser à cet endroit précis de mon anatomie les mots *incandescents* ?

C'est tout l'être qui appelle la conversion ! Faire feu de tout bois, lancer dans le grand brasier pulsions, peurs, insatisfactions... Tout doit être calciné dans la joie inconditionnelle.

Méditer ! Nous sommes déjà posés, *assis* dans la béatitude, dans la nature de Bouddha.

1. J'ai lu, 2001, p. 180.

Nous en sépare l'illusion dualiste, une méprise fondamentale : *moi* et les autres, *moi* et le monde, *moi, moi*, toujours *moi*, rien que *moi*. Pourquoi s'obstiner à chercher un mieux, un ailleurs, une sécurité ?

Exégèse des « *cinq méthodes* » de Tilopa...

Ne pensez pas... Du matin au soir, le mental s'agite, gesticule, planifie. Sans cesse, ça compare, ça juge, jauge, évalue, ça se projette ! Impossible d'arrêter la machine. Ne pas en rajouter une couche, observer comme autant de nuages, croyances, ruminations, cogitations, émotions, désirs, fantasmes...

Laisser naître, se manifester et disparaître tout ce qui traverse un esprit.

Ne réfléchissez pas... En permanence, je ressasse un passé qui n'est plus, je produis, surproduis regrets, remords, je réfléchis... *Sur-réfléchir*, c'est rester collé à son nombril, bloqué, figé.

Ne connaissez pas... Nécrose d'un moi qui croit tout saisir, qui statue, qui sait, que plus rien n'étonne plus...

Ne méditez pas... Excellent, génial Tilopa ! Loin postures, rôles, toute prétention à observer qui que ce soit ! Au-delà des techniques et des modes d'emploi, méditer, c'est mourir et renaître à chaque instant sans modèles ni automatismes, sans schémas, quitter les habitudes et surtout se déprendre, se *désencombrer de soi*.

N'analysez pas... Par peur, par je ne sais quel réflexe et quels conditionnements, je cherche à expliquer, à justifier tout, à arrimer mon existence à du solide.

Laissez l'esprit tel qu'il est... Voilà l'estocade ! La paix ne s'obtient pas. Nulle tranquillité ne se fabrique, ne s'arrache aux forceps. Tout est déjà là, donné. Au fond du fond, *la nature de Bouddha* nous précède. Lumineuse, indemne, intacte.

Un disciple s'était enquis auprès de Tilopa d'efficaces moyens d'atteindre l'éveil. Pour toute réponse, le maître souleva sa robe de *Mahâsiddha*, son *sarang* pour être précis, laissant apparaître un derrière complètement calleux, rompu à la pratique.

Voilà le chemin tout indiqué...

Y aller sans réserve, s'y consacrer *corps et âme* ! Tout le reste n'est que vain blabla.

À CHACUN SES PRÉJUGÉS,
SES PRISONS...

« Nous sommes tous enclins, semble-t-il, à identifier les gens d'après certaines caractéristiques qui
comptent pour nous, ou qui, pensons-nous, ont
nécessairement une importance générale. Si l'on
demande à quelqu'un qui était feu M. Franklin
Roosevelt, il répondra probablement que Roosevelt
était le trente-deuxième président des États-Unis,
et non que c'était un homme qui souffrait de la
poliomyélite, quoique, naturellement, beaucoup
mentionneront aussi sa maladie à titre d'informa-
tion supplémentaire, car ils trouveront intéres-
sant qu'il ait réussi à se frayer un chemin jusqu'à
la Maison Blanche en dépit de son handicap. Un
infirme, en revanche, pensera certainement à la
poliomyélite de M. Roosevelt dès qu'il entendra
mentionner son nom. »

Erving Goffman, *Stigmate*[1]

Stimulant, édifiant *Stigmate* d'Erving Goffman !

1. Minuit, 1963, p. 34.

D'habitude, les bouquins sur la différence me tombent des mains. Mais là, quel uppercut des plus salvateurs!

AVALANCHE DE QUESTIONS!

Qui sommes-nous derrière les étiquettes, sans l'autre, seuls, à poil pour ainsi dire? Et surtout, en avons-nous vraiment quelque chose à secouer d'une société plus éveillée?

Ne jamais oublier la *dimension sociale*, collective de la libération, de l'éveil et de la grande santé! N'envoyer personne sur le bas-côté!

Quels sont les mécanismes qui nous portent à juger, à exclure?

Sommes-nous prêts à plonger, à nager, à nous laisser flotter sans repères? Quelle est la place de *l'alignement au groupe* pour celui qui a décidé de se consacrer corps et âme au bien de tous les êtres?

Comment se dégager du moi et s'affranchir des étouffants diktats, des standards qui nous téléguident et nous travaillent jusqu'au fin fond de notre être? Un individu, pour être admis, *accepté,* doit-il jouer au caméléon?

La société, les autres, c'est qui au fait? Le « on » d'Heidegger? Une masse informe et anonyme?

Selon Erving Goffman, l'identité personnelle ne correspond pas tout à fait à l'identité sociale. Ce n'est rien de le dire ! Passionnant défi !

★

Pour éprouver un disciple, Diogène le Cynique le pria de traverser la cité en traînant derrière lui un hareng crevé. Radical pour dégommer l'amour-propre et doucher net tout esprit de sérieux !

L'image de soi en prend un sacré coup ! Pour s'en affranchir et n'en avoir rien à cirer, il faut un minimum de confiance, un paquet de soutien, du bol aussi.

Certains n'ont pas besoin de hareng pour qu'on les regarde de travers. Il leur faut à tout bout de champ démentir, faire leurs preuves, déminer, contrecarrer la tendance à inférioriser, à infantiliser un être qui accuse une *déficience*, une *anomalie*. Sans blague ! Aurait-il aussi une affectivité, des désirs, une sexualité, sa place dans le grand *nous* ?

ACCEPTATION FANTÔME

« Le procédé est évident; on demande à l'individu stigmatisé de nier le poids de son fardeau et de ne jamais laisser croire qu'à le porter il ait pu devenir différent de nous; en même temps, on exige qu'il se tienne à une distance telle que nous puissions entretenir sans peine l'image que nous nous faisons de lui. En d'autres termes, on lui conseille de s'accepter et de nous accepter, en remerciement naturel d'une tolérance première que nous ne lui avons jamais tout à fait accordée. Ainsi, une *acceptation fantôme* est à la base d'une *normalité fantôme.* »

Erving Goffman, *Stigmate*[1]

Parfois, le *stigmatisé* peut vraiment avoir l'impression de se trimballer avec un bout d'excrément sur la tronche. Dans le métro, au restaurant, à la caisse d'un magasin devant quelque regard moqueur, intrigué, sa différence lui est constamment, systématiquement rappelée. Décapant, insécurisant à mort!

1. *Ibid.*, p. 145.

Se foutre aussi des appels à s'en foutre!

Ne laisser personne sur la touche, approfondir, révéler la *solidarité souterraine* qui unit celles et ceux qui *doivent* en permanence s'adapter, s'aligner, s'ajuster!

L'AFFECTION D'UN PORC-ÉPIC !

« Par une froide journée d'hiver, un troupeau de porcs-épics s'était mis en groupe serré pour se garantir mutuellement contre la gelée par leur propre chaleur. Mais tout aussitôt ils ressentirent les atteintes de leurs piquants, ce qui les fit s'éloigner les uns des autres. Quand le besoin de se chauffer les eut rapprochés de nouveau, le même inconvénient se renouvela, de façon qu'ils étaient ballottés de çà et de là entre les deux souffrances, jusqu'à ce qu'ils eussent fini par trouver une distance moyenne qui leur rendît la situation supportable. Ainsi, le besoin de société, né du vide et de la monotonie de leur propre intérieur, pousse les hommes les uns vers les autres; mais leurs nombreuses qualités repoussantes et leurs insupportables défauts les dispersent de nouveau. La distance moyenne qu'ils finissent par découvrir et à laquelle la vie en commun devient possible, c'est la politesse et les belles manières. »

Arthur Schopenhauer,
Parerga et Paralipomena[1]

1. Robert Laffont, Bouquins, 2020, vol. II, chap. XXI, section 396.

Plus de liens, moins de biens, oser l'ouverture, faire passer l'autre toujours avant ses préoccupations, d'accord! Même au risque de se laisser bouffer, écraser?

Qui s'y frotte, s'y pique! L'avertissement de Schopenhauer plaiderait plutôt pour un retrait poli, *moral*! Pitié et renoncement...

Que faire de cet impétueux besoin de rejoindre ses congénères, de s'agréger, de faire groupe, société? Comment vivre toutes, tous ensemble sans être tiraillés et nous donner sans attendre des *retours sur investissement*?

Et ces tas de gifles, de baffes qu'on ramasse et qu'on distribue dans une vie?

Un troupeau de porcs-épics qui s'égratignent, s'écorchent, s'entre-déchirent parmi! Je préfère considérer l'humanité comme une immense *policlinique* où l'on prend soin les uns des autres, un énorme guichet ouvert à chacune, à chacun.

Pour moins morfler, tentation est grande soit de détaler, soit d'enfiler une robuste armure.

Identifier, puis laisser tomber toute cuirasse!

Tranchant diagnostic du maître de Francfort : « Le vide et la monotonie de leur vie intérieure » et d'« insupportables défauts » pourrissent les relations humaines.

Et le traitement : c'est à coups de « politesses et bonnes manières » que l'on se prémunirait de ces « désagréments ».

Autre recommandation schopenhauerienne : nourrir une *chaleur intérieure propre*.

Ok, mais si, en attendant, seul, on se les gèle ?

★

Dans *Idée d'une histoire universelle au point de vue cosmopolitique*, Kant expose la célébrissime *insociable sociabilité de l'homme*, moteur, aiguillon de l'histoire, source de tant de grandeur et... de misère.

Nous ne pourrions pas nous passer des autres aussi insupportables soient-ils !

En gros, deux forces majeures s'affronteraient.

a) « Un penchant à s'associer » « pour devenir plus homme »...
et
b) « Une grande propension à se détacher », « à s'isoler », à se singulariser et vouloir tout diriger.

D'où des tonnes de tiraillements ! De vraies girouettes sur pattes ? Je veux, je ne veux pas. Je recherche reconnaissance et honneur, mais en même temps, si je pouvais jouir d'une paix royale !

Insociable sociabilité de l'homme... Besoin d'autrui pour exister et soif d'indépendance. Surtout qu'on n'empiète pas sur mon territoire! Troublant cocktail!

SANS ATTENDRE...

« L'ouverture ne signifie pas être détaché, un zombie, mais être libre de faire ce qu'exige une situation donnée. Comme vous n'attendez rien de la situation, vous êtes libre d'agir d'une façon authentiquement appropriée. Et, de façon similaire, si les autres attendent quelque chose de vous, il se peut bien que ce soit leur problème. Vous n'avez pas à vous insinuer dans les bonnes grâces de quiconque. L'ouverture signifie "être ce que l'on est". »

Chögyam Trungpa,
Pratique de la voie tibétaine[1]

À nous la liberté! Comment goûter une insouciance, se laisser être quand on se sent observé en permanence?

Le finaud qui a inventé le concept, Jeremy Bentham, a tapé fort. Il projetait d'éduquer, d'améliorer les individus, de réinsérer, comme qui dirait, les brebis galeuses, de les rendre utiles à la société.

1. *Op. cit.*, p. 109.

Le panoptique !

Pervers, le dispositif ! Une prison de forme circulaire, des espèces de clapiers, des cages qui donnent toutes sur une cour centrale où se dresse un mirador, une véritable tour de contrôle.

Traqué, pisté, scanné en permanence ! Impossible d'échapper à la vigilance des geôliers, pas la moindre intimité, rien, aucun répit. Le *quant-à-soi*, la sphère privée, l'intimité... on oublie !

Le surveillant peut carrément se barrer, le prisonnier a intégré qu'il ne pourra jamais se soustraire à la vigilance des matons !

Quelles instances me toisent, me dominent ? Dieu ? Mes voisins ? Mes collègues ? Un oppressant idéal ?

Abandonner tout mode de vie carcérale, toutes prisons intérieures ! Dire adieu à ce surmoi trop zélé qui, se substituant aux gardiens, ne laisse carrément rien passer.

Coriace, infernal diktat qui nous fait croire qu'il y aurait des conditions à remplir pour être accepté, qu'il faudrait se plier à une *orthopédie générale*, se tenir à carreau pour être aimé.

Variantes de *panoptiques* où l'on *s'observe parmi* : open space, réseaux sociaux...

À l'institut où j'ai croupi dix-sept ans, c'était plus ou moins le projet avoué. Corriger, rectifier, *socialiser*, gommer les différences si *invalidantes*. Les séquelles indélébiles de ce traitement de choc, marquées au fer rouge au fond de l'âme, me donnent encore aujourd'hui bien du fil à retordre.

Intériorisation de la vigilance... Le panoptique comme manière d'être!

Dans *La République*[1], Platon parle d'une teinture qui résiste au lavage, même avec de la lessive. Pour le meilleur et pour le pire, notre éducation peut s'avérer sacrément tenace!

Voix, injonctions, éducation corrective... Comment passer tout ce fatras à la machine à laver et ressortir propre comme un sou neuf, nickel, léger?

*

Ne plus se soucier du moi pour foncer vers les autres? Lever ce nez en permanence recroquevillé sur le nombril!

Sacré guide... Jean-Pierre Brouillaud, écrivain, globe-trotteur et grand libérateur! Mais foin des étiquettes!

---

1. Platon, *La République*, IV, 429d-430.

ALLER VOIR AILLEURS !

« Le chemin, c'est celui que nous traçons en marchant. Elle me montrait ce qui est à transformer : la peur; ce qui est à quitter : les jugements; ce qui est à accepter : notre vulnérabilité et notre pouvoir de transformation; ce qui est à débusquer : nos croyances; ce qu'il faut fuir : toute forme d'autorité, celle qui décide à votre place ce qui est bien pour vous. Nous, et personne d'autre, sommes responsables de notre souffrance. C'était une invitation à vivre sans appartenance ni justification. C'était une seconde naissance, une transformation miraculeuse. »

Jean-Pierre Brouillaud, *Aller voir ailleurs.*
Dans les pas d'un voyageur aveugle [1]

Pléthore d'interrogations ! Pas facile de déraciner cette curiosité, cette peur devant l'inconnu ! Quelle manie de mitrailler son interlocuteur, de le passer littéralement au scanner ! Ça vous fait mal quand vous marchez ? Vous êtes

1. Points, 2016, p. 87.

né comme ça? C'est quoi, au juste, ce qui vous est arrivé? IMC vous dites? Vos enfants sont-ils bien de vous, je veux dire biologiquement? Votre femme est-elle aussi...? Votre état, ça va en empirant?

Se décarcasser pour ne pas tomber soi-même dans le panneau!

Et lui, comment fait-il pour se représenter les êtres qu'il croise?

Qu'est-ce qui peut bien l'attirer physiquement chez un individu?

Quel est le truc qui me manquerait le plus si je ne voyais plus?

Qu'est-ce qui est beau, dans l'obscurité?

Comment s'élabore un goût vestimentaire quand on n'y voit goutte?

...

Curiosité de technicien! Comment Brouillaud se débrouille-t-il pour ne pas se casser la figure?

Véritable glissade à l'intérieur du *couldn't care less*...

Peur de l'autre, statut social, malentendus, timidité existentielle, mal-être à répétition, impuissance face au tragique... Tout s'intègre sur le grand chemin qui nous réunit au-delà, avec nos *différences*.

Ensemble, faire route sans œillères, sans repères, sans destination préétablie !

« Laisse venir ! Ne trie rien ! Accueille tout ! Ouverture à 1 000 % ! »

« La vie est imprévisible, intégralement ! Inconnue totale... ne planifie pas, ne pronostique pas ! »

Loupe, porte ouverte sur la condition humaine. Une existence les yeux fermés !

Se donner, avancer sans balise ! « Quand tu ne vois pas, tout est découverte, surprise permanente ! Qui te dit que tu n'es pas à deux doigts de dégringoler dans un escalier ? Et cette porte conduit-elle vraiment aux W.-C. ou débouche-t-elle dans la cuisine d'un restaurant ? »

Où a-t-on mis les pieds ?

J'ai trouvé un *maître en insouciance*, un vrai ! Je lui confie mon impuissance, ma quête, mes errances. Il me délivre un remède : « Face à l'imprévu, tu n'as pas quarante-six mille alternatives : affolements, tensions, archi crispations... ou curiosité, émerveillement, gratitude. »

Curiosité, émerveillement, gratitude... Le curseur intérieur penche-t-il plutôt vers la peur, l'attente ou vers une célébration, un amour du réel ?

Méfiant, soupçonneux, je me fie à ma propre jugeote, à mes mesquins calculs, sans m'abandonner à la vie, à plus grand que soi.

Antidote au désir de contrôle : essayer de prédire ce qui se passera demain, juste demain. Avec force détails... Et dans vingt-quatre heures, évaluer ses talents de pythie!

★

Tranquille! Tout n'est pas question de vie et de mort... Essayer de ne pas transformer le moindre problème en psychodrame. S'exercer aussi à conjurer cette peur de se la jouer *à la André Chénier*! Le poète a été décapité deux jours avant que son fou furieux d'accusateur, Robespierre, ne se fasse arrêter. Manque de bol! Injuste sort! À deux jours près, il aurait pu passer entre les gouttes!

En sursis, toujours et partout! C'est comme si, à l'intérieur, tout au fond, quelque chose attendait l'échafaud, une sanction, le malheur! Peur, espoir, peur, espoir, attente, déception... De quoi donner le tournis!

QUESTIONNAIRE DE MAX FRISCH

Savez-vous en règle générale ce que vous espérez?

Combien de fois faut-il qu'un espoir déterminé (par exemple en politique) ne se réalise pas pour que vous abandonniez l'espoir en question, et y parvenez-vous sans concevoir immédiatement un autre espoir?

Enviez-vous parfois les animaux qui semblent se tirer d'affaire sans espoir, par exemple les poissons d'un aquarium?

Quel espoir avez-vous abandonné?

Les espoirs personnels vous suffisent-ils?

Lorsque vous savez quelqu'un atteint d'une maladie incurable : lui donnez-vous alors des espoirs que vous reconnaissez vous-même comme mensongers?

Quand un mal incurable a frappé mon père, de tout son être, ma mère a espéré une guérison, un miracle.

Sa confiance, sa sérénité, des vrais coups de poignard! Je savais que, tôt ou tard, elle souffrirait, que son optimisme n'empêcherait pas la dureté du réel, au contraire.

L'espoir... Avons-nous besoin de ce frêle radeau pour traverser les tempêtes sans couler à pic?

Mécanisme de défense... Parachute... Amortisseurs, y a-t-il un moyen d'éviter de se ramasser la vérité de plein fouet?

Dum spiro spero...

CHIEZ-MOI DESSUS !

« Si c'est ce que vous voulez, alors prenez-moi,
possédez-moi, kidnappez-moi, dominez-moi.
Allez-y, faites-le. Prenez-moi, je suis à votre disposition. Vous pouvez sauter sur moi, chier sur moi,
me découper en petits morceaux et tout ce que
vous voulez. Sans votre aide, il me serait tout à fait
impossible de progresser sur la voie. »

Chögyam Trungpa, *L'Entraînement de l'esprit*[1]

Bien distinguer la *cause* et les *conditions*, l'élément déclen-
cheur, révélateur du trouble. La condition, le prétexte, c'est
la contrariété du moment. L'origine, la source de la plaie
puise ses racines bien au-delà.

Comment *se remettre* d'un traumatisme ?

Exercice pratique pour bodhisattvas en herbe :

1. *Op. cit.*, p. 100.

176

« Ramène à toi tous les blâmes[1]. » Trungpa... Ne plus chercher systématiquement des responsables, des coupables, couper court et, sans se justifier en permanence, prendre tout sur soi, désamorcer les conflits.

Franchement, qu'est-ce que ça change? Un coup de griffe de plus ou de moins à l'amour-propre?

Immense défi : lutter contre les injustices sans que l'ego ne s'en mêle.

S'ouvrir au « chie-moi dessus! », tendre la joue gauche sans verser dans le sacrifice et la résignation.

Vertigineux don de soi, courage inouï qui court-circuite la logique du *moi d'abord*, les tendances de dominations *à la Thucydide*... Chacun exerce un pouvoir là où il le peut...

---

1. *Ibid.*, p. 89.

TONGLEN, DONNER-ET-RECEVOIR !

Pour le moins contre-intuitif ! *Tonglen*, entraînement concret à faire passer l'autre avant le moi ! *À l'inspire*, on prend en soi tous les malheurs du monde... Maladies, égoïsmes, inégalités. *À l'expire*, on diffuse bienveillance, tendresse, bonté...

Y aller franco, ne pas s'imaginer qu'on va s'attirer encore plus de tuiles. Pratiquer *Tonglen*, se livrer au *donner-et-recevoir*, c'est croire en la bonté de la vie. Tout se *recycle*. Au fond du fond, tout demeure indemne, intact, sain.

Pourquoi n'ai-je pas eu le cran de hurler ma tristesse ? Lui m'a vraiment chié dessus et pas qu'un peu !

Plein d'allégresse, balbutiant mes premiers pas de liberté, adolescent, je traversais mon village natal accompagné d'une cousine. Un gars nous avise et lance à la jeune femme : « Tu as oublié la laisse ? »

Réactions face à ce *sombre idiot*, au choix :

a) Lui casser la figure. Je n'avais pas la hardiesse, ni la carrure.

b) Filer la queue entre les jambes, accuser le coup, sourire.

c) Voir qu'un uppercut pareil fait effectivement très mal. Vivre à fond, l'accueillir pour que le trauma meure de sa belle mort et poursuivre mon chemin. Glisser, se laisser emporter dans la non-fixation.

Question : c'est quoi, accepter ?

★

Une bodhisattva, un bodhisattva, ces héros de l'éveil, renoncent à vivre dans le confort d'une félicité sans ombres. Retroussant leurs manches, ils se donnent corps et âme aux autres, *aux premiers venus*, à toutes, à tous.

Corps et âme, c'est vite dit ! Le *must* pour un bodhisattva c'est *l'expérience* de la *non-existence* du moi, de l'âme, de l'individu.

Édifiant, magnifique, sublime passage du *Vajracchedika Prajñaparamita Sûtra*, du *Soûtra de la sagesse transcendante qui tranche comme le diamant*, du *Soûtra du Diamant* :

D'EGO, NIET...

« Au-delà de la souffrance, le bodhisattva pensera qu'aucun être animé ne s'est jamais affranchi de la souffrance. Pourquoi ? Parce que, Subhûti, si un bodhisattva venait à croire qu'il existe des êtres animés, il ne mériterait pas le nom de bodhisattva. En effet, Subhûti, s'il concevait l'idée d'un être animé, de la vie ou d'un individu, il ne mériterait plus le nom de bodhisattva. »

Soûtra du Diamant[1]

Ultimement, épauler, soutenir c'est libérer de tous les attachements, liquider, *trancher* net les causes de la souffrance.

Rien n'empêche de croire que la paix, l'éveil embrassent, *atteignent* aussi le corps !

---

1. Fayard, 2001, p. 22.

Swâmi Prajnânpad donne une direction : « Savez-vous ce qu'est la libération ? Le relâchement complet de toutes les tensions, physiques, émotionnelles et mentales[1]. »

Pourquoi ne me serait-il pas permis d'espérer la visite de quelque généreux bodhisattva totalement affranchi de la logique du *donnant-donnant*, des calculs, sans les inévitables étincelles qui jaillissent dès que *deux blessures sur pattes* se rejoignent ?

Un amant, un père, un frère, un ami dans le bien... Quelles sont les véritables attentes qui se cachent au fin fond d'un cœur ?

Pour certains *carencés majeurs*, une partie de jambes en l'air rapproche *aussi* de l'éveil, du don de soi. Frustrations, crispations, manques peuvent enfin laisser place à une générosité libre, gratuite, à la détente.

C'est mon rêve ! Un messager de l'éveil qui frappe à la porte et délivre le cœur.

Ce fameux soir au bord de la fenêtre, qu'attendais-je au juste ?

La vie est tragique, dure, âpre, aride... Besoin d'affection...

★

---

1. *Les Formules de Swâmi Prajnânpad, op. cit*, p. 199.

« *Plus vous aurez souci du bien commun avant votre bien propre, plus vous découvrirez vos progrès*[1]. »

Sacré panneau indicateur !

Pour ne plus mariner dans l'*autoréférence permanente*, s'ouvrir à fond et suivre la boussole de l'évêque d'Hippone.

Y aller carrément, nourrir une ambition *démesurée* mais sans attachement, sans avidité, virer les logiques du moi, bazarder ses manières étriquées de penser.

Foncer du côté des *quatre vœux*, les embrasser, s'y griller tout entier :

1. Saint Augustin, *Règle*, V.

AUTOROUTE
POUR BODHISATTVA...

« Si nombreux que soient les êtres, je fais vœu de les aider tous.

Si nombreuses que soient les illusions, je fais vœu de les vaincre toutes.

Si nombreux que soient les dharmas, je fais vœu de les acquérir tous.

Si parfaite que soit la voie du Bouddha, je fais vœu de la réaliser. »

Si nombreux que soient les êtres, je fais vœu de les aider tous.

Ça en fait du monde... Don infini, incessant de soi! Altruisme à toute épreuve, intégral!

Si nombreuses que soient les illusions, je fais vœu de les vaincre toutes.

Primo-confusion... Dégager tout amour-propre, chaque dépendance, les cinq poisons, ignorance, colère, aversion, désir, attachement, loin. Orgueil et jalousie, du balai...

Si nombreux que soient les dharmas, je fais vœu de les acquérir tous.

Bodhisattva fit non nascitur. On ne naît pas bodhisattva, on le devient. Progresser, se dépouiller, avancer...

Si parfaite que soit la voie du Bouddha, je fais vœu de la réaliser.

Une carrière de bodhisattva n'est pas affaire d'amateur. C'est du costaud, du plein temps.

MEMENTO MORI

> « Maintenant, partout, dans la rue, au café, je vois chaque individu sous l'espèce du *devant-mourir*, inéluctablement, c'est-à-dire très exactement du *mortel*. Et avec non moins d'évidence je les vois comme *ne le sachant pas*. »
>
> Roland Barthes, *Journal de deuil*[1]

Plus de temps à perdre ! Immense, gigantesque chantier du *couldn't care less* : *apprivoiser* l'idée que ce bazar, tôt ou tard, prendra fin !

Comment considérer le peuple des morts, les *défunts*, littéralement celles et ceux qui ont *accompli* leur vie ? Des *loosers*, des *has been* pour l'éternité ? Qu'est-ce que le grand départ ? Un échec, une pure perte, la fin, le *terminus* des prétentieux comme dirait Audiard ? Quelle est la place des morts dans notre quotidien ?

---

1. Seuil, 2016, p. 62.

Ma propriété privée, *mon* corps, *mon* âme, *mon* esprit, tout sera-t-il viré à *pertes et profits*?

Et ce maître Kadam qu'évoque Trungpa[1]! Chaque soir, il plaçait sa tasse à l'envers sur la table, comme s'il partait pour un long voyage. Au cas où il viendrait à casser sa pipe durant la nuit, tout serait prêt, impeccable. Son départ ne gênerait personne.

Exercice utile aussi dans un couple, une famille! Avant de se glisser dans son lit, toujours, en cas de frictions, se réconcilier, se dire l'essentiel.

Garder *cette éventualité* constamment à l'esprit? Remède de cheval d'Épictète : « Si tu embrasses ton enfant ou ta femme, dis : — c'est un être humain que j'embrasse —; car, s'il meurt, tu n'en seras pas troublé[2]. »

S'en accommoder grâce à l'arsenal épicurien? Jamais je ne rencontrerai la mort en personne. Jamais je n'en ferai l'expérience puisque, si je suis là, elle n'est pas là et, si elle est là, je ne suis plus là.

Pas sûr que le traitement soit infaillible!

Dédramatiser? Comment?

1. Voir *L'Entraînement de l'esprit, op. cit.*, p. 144.
2. Épictète, *Manuel*, III.

NFFNSNC... Variante du *CCL* gravée sur des tombes antiques. *NFFNSNC* : *Non fui, fui, non sum, non curo...* Je n'étais pas, je fus, je ne suis plus, je n'en ai cure. Autant dire que de la vie post mortem, de ce qu'il adviendra de nous après, du corps, de l'âme, on n'en a rien à cirer.

Faut-il s'en contrebalancer ou conserver cet horizon sous les yeux, constamment ? À quelle dose ? Quelle est la *médiété* à appliquer en la matière ?

Conseils de Rinpoché pour *bien mourir* et, du coup, bien vivre :

Détermination ferme... S'exercer au *non-moi*, à tout moment, jusqu'à notre dernier souffle. Ne pas nous réifier, nous fossiliser !

Familiarité... Apprivoiser, se faire à l'idée que, vraiment, tout est éphémère.

Graine de vertu... Ne pas se leurrer ni fuir mais *enraciner* la non-fixation bien profondément dans le cœur.

Reproche... Sermonner gentiment le *froussard*, l'avide qui sommeille en nous, voir que le jour où l'ego claquera, ce ne sera pas forcément une perte[1].

---

1. Voir *L'Entraînement de l'esprit, op. cit.*, p. 147.

Aspiration... Être déterminé, résolu à « s'ouvrir » le plus possible et laisser « reposer l'esprit dans la nature de la *bodhicitta* ultime »[1].

Chaque expiration est aussi une mort, un abandon, une *répétition générale*, peut-être...

*

Pour flotter allègrement dans le *samsara*, deux précieux outils :

La *bodhicitta* absolue! Rien n'est solide, tout est interdépendant, vacuité. À quoi bon s'accrocher, à quoi bon saisir?

La *bodhicitta* relative! Faire passer l'autre toujours avant soi, toujours. Pratiquer *les six vertus transcendantes* : la générosité, la discipline, la patience, la diligence, la concentration et la sagesse. Nourrir l'intention d'œuvrer au bien de tous les êtres vivants et, poser des actes.

C'est un détail mais à y regarder de plus près, dans un ascenseur, celui qui cède sa place, celui qui, sans se précipiter, entre en dernier, sort aussi le premier. D'accord! Vivre *sans but ni esprit de profit...* Et se réjouir que la bonté de l'existence donne parfois des coups de pouce à celles et ceux qui désobéissent à la tyrannie du moi!

---

1. Voir *L'Entraînement de l'esprit, op. cit.*, p. 148.

Les premiers seront les derniers...

Et la morale n'a à peu près rien à faire dans cette histoire. C'est une question de don de soi, de détente, nullement de sacrifice!

Éclipse de l'ego mais sans forcing!

Exercice très concret! Ne plus choisir systématiquement la meilleure part, *se décentrer*, laisser l'autre exister, ne rien imposer. Sacrée libération!

De toute façon, il est impossible de satisfaire la voracité du *vouloir vivre*.

LA PAIX, LE REPOS DU BOURGEON

« En vérité il n'y a pas de vérités individuelles, mais seulement plein d'erreurs individuelles — l'individu lui-même est une erreur! [...] Nous sommes des bourgeons sur un arbre — que savons-nous de ce que dans l'intérêt de l'arbre nous pourrions devenir? Mais nous avons une conscience, comme si nous voulions et devions être le tout, un fantasme de "moi" et de tout "non-moi". Il faut arrêter de se sentir comme un tel "ego" fantasmagorique! Apprendre pas à pas à rejeter ce prétendu individu. Découvrir les erreurs de l'ego! Se rendre compte que l'égoïsme est une erreur! Et surtout ne pas voir dans l'altruisme son contraire! Ce serait l'amour pour les autres prétendus individus! Non! Par-delà "moi" et "toi"! Ressentir de manière cosmique! »

Friedrich Nietzsche, *Fragments posthumes 1881* [1]

Clair, limpide! Tout projet qui se fonde sur le moi est bancal, casse-gueule, voué à l'échec et cause de tourments.

1. Gallimard, *Œuvres philosophiques complètes*, 2020, vol. V, 11[7], p. 315.

Matin, midi et soir, mon job à plein temps, c'est d'obéir à ce maître tragi-comique. *Je* suis fatigué... *J'*aime les pâtes... *Je* veux ma place au soleil... *Moi, moi, moi.* Tout partirait-il de cette source-là?

L'immense paix du bourgeon! Se sentir porté, engendré, soutenu par l'arbre, nourri de sa sève.

À m'en rappeler les jours où, exsangue, je me sens crevé, mort, inerte, *dévitalisé.*

PATIENTER SANS RÉSIGNATION

> « Tu désires, par la mystique, échapper à toi-même.
> Il faut supporter la blessure de cent épreuves sans
> bouger de ta place. »
>
> Eva de Vitray-Meyerovitch,
> *Anthologie du soufisme*[1]

Sans délai, mettre la main à la pâte, se magner le train !

Patienter, le verbe m'effraie ! Sauf conjugué au présent et à la première personne... Il faudrait presque se *désarmer* de patience !

En cas d'impasse, si on est vraiment embourbé dans un *cul-de-sac existentiel*, ne faire qu'un avec l'échec, les tourments, les blessures, dire oui, et laisser passer.

Face à l'angoisse, tout lâcher aussi, ne pas ferrailler contre un quelconque adversaire, disparaître.

---

1. Sindbad/Islam, Djâmî, 1995, p. 126-127.

Ce n'est pas le *moi* qui doit patienter... Dans la vraie, la profonde confiance, il a déguerpi. Il s'est barré.

AMOUR SANS DOULEUR ?

> « Car l'amour espère toujours que l'objet qui
> alluma cette ardente flamme est capable en même
> temps de l'éteindre : illusion que combattent les
> lois de la nature. »
>
> Lucrèce, *De la nature*[1]

Lucrèce à la rescousse ! Viatique, remèdes qui allègent le cœur...

Dire que ce poète du 1er siècle après J.-C. a rédigé un véritable manuel de... *détachement* : « De la source même des plaisirs surgit je ne sais quelle amertume, qui jusque dans les fleurs prend l'amant à la gorge[2] » !

Comment traverser les cataclysmes, l'agitation, les troubles qui nous saisissent ? Accueillir les puissantes forces qui nous agitent et nous broient ?

---

1. Gallimard, 1984, livre IV, p. 182.
2. *Ibid.*, livre IV, p. 184.

Tous ces élans, ces émois qui dépassent, et de loin, notre individualité! Indicible mystère! Nous nous appartenons si peu et c'est heureux! Le même feu emporte, carbonise des milliards et des milliards d'êtres, nous laissant démunis, sans repères, émerveillés et pleins d'effroi!

« Aimer sans rançon[1] », sans psychodrames... Se déprendre de soi quand tout appelle le contrôle, la maîtrise, un recul...

Donner le monopole, l'exclusivité de l'affection à un être, c'est, nous enseigne Lucrèce, se livrer « au caprice d'autrui[2] ». Et à coup sûr, voir rappliquer la dépendance, l'esclavage.

Confier la télécommande de sa vie au premier venu, c'est faire dépendre sa joie d'un *dealer cyclothymique*!

Grande consolation, incroyable délivrance! Notre besoin d'affection ne sera peut-être jamais comblé. L'insatisfaction fait partie du paysage!

Ne pas attendre d'être repu pour oser la générosité!

Un bodhisattva saute, se lance et lâche tout!

★

1. *Ibid.*, livre IV, p. 182.
2. *Ibid.*, livre IV, p. 183.

Dans *Consolation de la Philosophie*, Boèce raconte l'histoire d'un ivrogne qui, cahin-caha, rentre au bercail. Chemin faisant, il vacille, hésite. Il se souvient plus ou moins où se trouve son logis mais a toutes les peines du monde à regagner sa demeure. Ainsi, en irait-il du bonheur?

Revenir d'exil, demeurer dans *l'ayala*.

Reposer dans *l'alaya*, tout larguer, abandonner, lâcher, mais tout! En dehors de la compassion et du dharma, rien à secouer!

Ce ne sont plus *mes* idées, *mes* obsessions, *mes* désirs, *mes* histoires de cœur, mais des idées, des obsessions, des désirs, le flot d'une rivière, d'un fleuve immense.

RETOUR AU BERCAIL

« *Alaya* est un terme sanskrit qui signifie "base", et parfois aussi "demeure des neiges". Il évoque donc une immense chaîne de montagnes. C'est l'état de conscience primordial, avant que celui-ci ne se divise en "moi" et "l'autre", avant qu'il ne se fragmente en diverses émotions. C'est la base fondamentale où les choses sont élaborées, où elles existent. Pour pouvoir reposer dans la nature de l'alaya, il faut laisser derrière soi toute attitude de pauvreté et comprendre que l'alaya qu'on possède est aussi bon que l'alaya de quiconque. »

Chögyam Trungpa, *L'Entraînement de l'esprit*[1]

Miettes *bouddhiques* à la Kerouac...

---

1. *Op. cit.*, p. 36.

RÉVEILLE-TOI

« Réveille-toi, renonce à l'hypocrisie et aux paroles
mensongères, ta vie ne devrait comporter aucune
fausseté; que pourrait-on bien dissimuler dans une
goutte de rosée qui tombe à terre? »

Jack Kerouac,
Réveille-toi. La vie du Bouddha[1]

Comment *fait* un bodhisattva pour ne pas se *faire avoir*?

Préférer être berné que berner, OK! Socrate l'a toujours
dit. Mais de là à devenir une bonne poire, un paillasson, le
dindon de la farce...

Des bodhisattvas lucides!

Argument massue! En société, si on baisse la garde, on
se fait plumer, propre en ordre.

---

1. Gallimard, 2013, p. 191.

Vivrait-on parmi les loups?

Spinoza : « À quoi sommes-nous attachés par l'amour[1]? »

Amour du fric... avarice. Amour des honneurs... vanité. Amour de soi... narcissisme. Amour de la sagesse... narcissisme aussi, dans bien des cas...

Spinoza toujours : Ce n'est pas le renoncement mais la joie qui conduit au détachement[2].

Troublante fragilité! La goutte de rosée peut crever à tout bout de champ, donc elle s'accroche, elle se cramponne, elle lutte.

Réveille-toi...! Pas d'hypocrisie ni de calcul, aucune fausseté! « Que pourrait-on bien dissimuler dans une goutte de rosée qui tombe à terre? »

Encore un cabossé qui donne une leçon... J'adore!

1. Baruch Spinoza, *Traité de la réforme de l'entendement*, GF, 2003, Avertissement au lecteur, paragraphe 9.
2. Baruch Spinoza, *Éthique*, V, proposition XLII.

LE ZEN DES TOILETTES

« Plus vous pratiquerez *zazen,* plus vous vous intéresserez à votre vie quotidienne. Vous découvrirez ce qui est nécessaire et ce qui ne l'est pas ; quel aspect corriger, quel aspect renforcer. Ainsi, en pratiquant, vous saurez comment organiser votre vie. Il vous faudra observer exactement votre situation, purger votre esprit et repartir de votre point de départ originel. Ce qui revient au même que d'aller aux toilettes. »

Shunryu Suzuki, *Libre de soi, libre de tout*[1]

On le sent tout de suite quand son esprit s'apprête à s'emballer, lorsque les angoisses rappliquent au grand galop. C'est le moment ou jamais de pratiquer !

Le zen des toilettes ! Exercice très concret et ô combien efficace préconisé par l'immense Shunryu Suzuki.

1. Seuil, 2011, p. 66.

Savoir vider, désencombrer un mental. Du grand art!

Heureuse comparaison du moine espiègle : on mange et on passe au petit coin, on se remplit l'esprit et... on pratique *zazen.*

Rejoindre notre *point de départ originel* sous la tonne de parasites mentaux. *Hygiène* des plus libératrices!

D'instinct le corps vire, expulse, rejette ce qui lui est superflu, nocif. De toute urgence se familiariser avec ce *laisser aller, partir.*

Impression au moment de l'angoisse que *ça chie* littéralement dans mon esprit, qu'un corps étranger est en train de m'envahir, de me polluer l'esprit.

Une tête? Un aquarium trouble, glauque...

Méditer... Laisser gentiment se décanter.

Nous avons déjà tout, nous sommes *la nature de Bouddha.*

« Il faut être devenu océan pour pouvoir, sans se salir, recevoir un fleuve impur[1] », écrit Nietzsche!

Sur quoi au juste tirer la chasse?

Le dualisme. Quitte à s'y prendre à deux fois! *C'est bien..., c'est mal..., agréable..., désagréable...* tirer la chasse...

1. *Ainsi parlait Zarathoustra,* préface 3.

Esprit vaste qui ne catégorise rien, ne disqualifie rien.

Le ressentiment...

La peur... Alors là, il faut carrément les grandes eaux. Des seaux remplis à ras bord n'y suffiraient pas.

Tout refus de se donner...

À propos de se purger, Montaigne écrit : « Ésope, ce grand homme, vit son maître qui pissait en se promenant : "Quoi donc, fit-il, nous faudra-t-il chier en courant ?" Ménageons le temps ; encore nous en reste-t-il beaucoup d'oisif et de mal employé[1]. »

Suzuki apaise. Du même coup, il réconcilie avec la mort.

Mourir, n'est-ce pas un peu comme faire un *grand plouf...* ? S'évanouir, se dissoudre.

★

Des *appareils photographiques* ouverts, disponibles... Puis, un clic, une prise, une saisie et souvent des clichés jaunis dans un vieil album.

Vivre chaque jour sans se braquer !

---

1. Montaigne, *Essais*, « De l'expérience ».

DISSOUDRE LES ESPRITS

« Finalement, aucune activité n'a réellement lieu
dans l'esprit, et l'idée que l'esprit peut s'attarder
sur quelque chose commence elle aussi à sembler
absurde, puisqu'il n'y a rien sur quoi s'attarder. »

Chögyam Trungpa,
L'Entraînement de l'esprit[1]

Laisser couler, partir, disparaître... Rien à cirer! Exit la
volonté, les efforts, l'attention, la lutte. Aucun acharnement!

L'insurpassable protection par la *shunyata*[2]... Médication
suprême! C'est du solide! Mieux, ça dissout tout!

Protéger qui? Quoi?

---

1. *Op. cit.*, p. 109.
2. *Ibid.*, p. 209 : « Vacuité, ouverture; clarté d'esprit sans limites et complètement ouverte. »

Couldn't care less, dire adieu aux fonctionnements *samsariques*, voir la nature même de l'existence, la non-solidité du moi, du monde et des choses.

Impossible de se cogner la tête contre la vacuité !

Grand saut dans la non-peur et la liberté...

Les *kayas*...

Disséquer, *déconstruire* le mental pour atteindre la conscience pure, le ciel derrière les nuages !

Trungpa, grand *dézingueur du moi* : « Quand on perçoit quelque chose, on expérimente d'abord une sensation d'attente ou d'ouverture ; on ne sait pas trop comment percevoir les choses, comment rendre la situation saisissable. Ensuite, on se fait une idée plus claire sur la façon d'organiser les choses. Puis, dans un troisième temps, on commence à établir des rapports entre les deux instants précédents. Et finalement, on fait une expérience de la totalité, de l'ensemble. Cela fait en tout quatre instants de l'esprit ou quatre étapes du processus mental. Ces quatre instants correspondent aux quatre kayas, qui sont le *dharmakaya*, le *sambhogakaya*, le *nirmanakaya* et le *svabhavikakaya*[1]. »

1. *Ibid.*, p. 106.

UNE PENSÉE APRÈS L'AUTRE...

« On s'aperçoit que tout ce qui se fait présent à
l'esprit est sans exception sujet à ce mouvement,
à ces conditions, à cette nature. »

Chögyam Trungpa,
L'Entraînement de l'esprit[1]

Flot de pensées qui se chevauchent et se remplacent...
Le moi comme entité figée statique, monolithique est un
leurre, une *vue de l'esprit*.

Rassurant ! Les pensées qui me traversent n'ont pas
d'origine, ni de destination. Elles ne demeurent pas.

Ce à quoi je crois dur comme fer n'a absolument rien de
solide, de permanent !

1. *Ibid.*, p. 108.

ORDONNANCE DES ORDONNANCES

« Se rendre compte que la confusion et le chaos
de l'esprit n'ont ni origine, ni cessation, ni point
d'attache, est la meilleure des protections. »

Chögyam Trungpa, *L'Entraînement de l'esprit*[1]

Tout est *shunyata*, vacuité, interdépendance... Laisser
être, ne rien solidifier... mes enfants, ma femme, moi,
moi... Ne rien réifier, ne rien pétrifier !

Singulier dispositif !

Ce n'est pas si compliqué ! Dans un premier temps,
on est ouvert, dans l'accueil, disponible, attentif, toutes
antennes dehors... Puis, on commence à qualifier, à juger,
à analyser *pour* se repérer. On s'attache, on s'accroche, on
rejette...

---

1. *Ibid.*, p. 109.

Des appareils à « connaître » énormes, vastes comme l'Univers.

Dans une foule, des milliers d'appareils photos, des milliards de prises de vue, de manières d'être, d'apprécier le réel.

Rien ne déraille dans notre perception du monde. C'est ce qu'on en fait, ce qu'on *développe* qui peut ou non nous aliéner, nous pourrir la vie.

Apprentis photographes... S'exercer, s'entraîner à voir, sans rien saisir ni figer...

Expérimentation, exploration... sans clic... Ouverture large, totale.

Virer aussi les commentaires... « Il a les yeux rouges », « Il n'y a pas assez de lumière », « C'est flou! ».

★

Les Cahiers d'insouciance... S'exercer, pratiquer sans épiloguer. Sans commentaire, oser la non-peur, se laisser glisser, maintenant.

De son père, Nietzsche écrit qu'il a tout reçu sauf « la vie, le grand oui à la vie[1] ».

---

1. *Ecce Homo*, Éditions Mille et Une Nuits, 1996, p. 24.

J'aime des êtres, et à fond, sans réserve, des émotions, des expériences. Mais *aimer* la vie intégralement, c'est une autre paire de manches.

Toujours, la peur de perdre, de manquer, la monomanie, l'exclusivité.

Je cours après la joie, le plaisir, des sensations, l'amour, les rencontres...

Aime-t-on un être pour lui-même ou en vue du profit qu'il apporte, qu'il semble apporter? Un peu comme quand un garçon de café m'amène un énorme banana split sur un plateau. Je n'ai d'yeux que pour la crème chantilly, tout le reste est oublié.

Cesser de borner ses désirs à du particulier. Faire voler en éclats les limites, les frontières, ne plus se contenter d'un territoire balisé, étroit.

David Hume écrit : « Il n'est pas contraire à la raison de préférer la destruction du monde entier à une égratignure de mon doigt. » Il s'empresse d'ajouter : « Il n'est pas contraire à la raison que je choisisse d'être totalement ruiné pour empêcher le moindre malaise d'un Indien ou d'une personne qui m'est totalement inconnue. »[1]

---

1. David Hume, *Traité de la nature humaine. Des passions*, livre II, GF, 1991, III, 3, « Sur les motifs qui influencent la volonté », p. 272.

Un saint, un bodhisattva échappe à tout calcul, à tout cadre étriqué. Il n'en a rien à battre.

Ne pas se braquer, même pas sur le *couldn't care less*!

Les deux boussoles :

a) S'en contrebalancer de tout sauf du *dharma* et de la compassion.
b) Faire passer les autres, avant!

Je marche, pour ainsi dire, tous les jours dessus. Sur le mollet gauche, je me suis fait tatouer *shunyata,* vacuité; sur le droit, *karuna,* compassion.

Serais-je unijambiste, cul-de-jatte?

Voguer, plonger, se jeter dans l'amour désintéressé, inconditionnel, saut de bodhisattva...

Constantes velléités de retoucher *sa vie* comme si on s'était commandé une pizza : « Vous pouvez rajouter deux trois champignons? », « Et des artichauts, beaucoup d'artichauts s'il vous plaît? », « Et virez-moi, tant que vous y êtes, les anchois! ».

Le grand oui à la vie... Le don de soi, le don tout court. Plus de donateur! Il s'est barré.

Appel pour une société éveillée

FLINGUER L'INDIFFÉRENCE, NOUS ENGAGER

Le 13 mars 1964, Kitty Genovese a été violée puis assassinée dans un quartier du Queens, à New York. Pas moins de trente-sept témoins ont assisté au massacre, sans broncher, sans lever le petit doigt.

Sinistre buzz sur YouTube! En Chine, dans la province de Guangdong, une fillette de deux ans, Wang Yue, s'est fait écraser par un camion puis rouler dessus par un autre poids lourd. Elle agonisera sur le bord de la route sans que les dix-huit passants qui sillonnent le secteur ne s'en émeuvent.

Mondialisation de l'indifférence!

Ce serait se mettre carrément le doigt dans l'œil, devenir de coupables lâches que d'avilir une voie spirituelle et de brandir le *CCL* pour abdiquer!

Plusieurs théories ont été élaborées pour tenter de comprendre ce *désintérêt*, ce retrait, ce *désengagement*! Ainsi est évoqué l'effet dit « du témoin » pour expliquer que certains

— nous, peut-être ? — restions planqués, anesthésiés, endormis face à la souffrance, aux peines, à la détresse d'autrui.

On mentionne également le syndrome du *mauvais samaritain*, ce pèlerin, *inébranlable*, qui poursuit son chemin sans venir en aide au quidam qui se tord de douleur sous ses yeux.

Ne pas railler, ne pas pleurer, ne pas détester mais comprendre... Spinoza[1].

Des tas d'influences inclinent à l'indifférence, à une *tranquille négligence*, à la démission. Une chose demeure certaine : un bodhisattva n'abandonne personne !

Ne pas blâmer mais comprendre !

Le fameux soir de la fenêtre, j'avais erré des heures dans la rue en quête d'affection, d'un bodhisattva de la tendresse.

Devant une terrasse, deux hommes fortement éméchés, bras dessus bras dessous, s'avisent du type qui titube, comme eux. Je prends peur, je m'agite et un des deux compères descend son froc pour exhiber son sexe, tandis que l'autre m'assène un coup de pied dans le derrière. La totale !

Devant les cafés, un paquet de monde. On regarde, on commente mais on ne bouge pas ! Je file, je cours. Plus tard, je tombe sur un mendiant qui dort à même le sol. Il

---

1. Baruch Spinoza, *Éthique*, III, Préface.

se réveille, me voit et tend sa main. J'ai la frousse, je fuis. Je cours encore. Il y a du boulot!

Kitty Genovese, Wang Yue et tant d'êtres oubliés! Les experts en psychologie sociale recourent au concept de *diffusion de la responsabilité*. On se dit qu'au bout d'un moment, il y en aura bien un qui va intervenir et donc qu'il vaut mieux attendre, ne pas se mouiller. Surtout ne pas s'attirer des ennuis! *La tourbe des menus maux* requérant déjà un plein-temps...

Sans parler de la crainte d'être jugé par ses collègues, ses amis. Inertie collective? Conformisme de troupeau?

Comment éveiller le sens de la communauté? Un goût sincère pour l'engagement? Les valeurs religieuses s'éclipsant, où trouver une boussole, des balises, de l'enthousiasme pour soulever, soyons fous, un élan, un héroïsme du cœur?

Là où cela devient sacrément tordu, c'est quand la spiritualité nous maintient dans l'aliénation, chacun dans sa bulle. Il n'y aurait qu'à méditer pour supporter ce rythme de dingue, la pression, l'esprit de compétition, la performance à tout prix, les inégalités!

Un emplâtre sur une jambe de moi?

Pour un *couldn't care less* solidaire, engagé!

La démocratie ne tient pas du self-service. Ce n'est pas une entité extérieure, hors-sol, un objet de consommation.

Une société éveillée réclame participation, esprit critique, don de soi, partage, bienveillance, bonté, intelligence collective. Rien à voir avec un énorme buffet froid où on viendrait se bâfrer et d'où on repartirait, repu.

Insouciance et engagement! Vivant paradoxe et non psychopathologie, nécrose du cœur.

Avec le conseil de Nietzsche en poche, se donner chaque jour, faire plaisir, s'extraire de soi, prêter l'oreille dès qu'on commence à ne plus calculer les autres.

Nuire à la bêtise, troquer les logiques individualistes pour mettre au centre bien commun, intérêt général, souci de toutes et tous.

Achevant, provisoirement, ces *Cahiers d'insouciance,* tentative un brin désespérée de constituer quelque *vade-mecum,* je me dis que s'il ne fallait garder qu'un seul truc ce serait...

« Lorsqu'on fait le vœu de bodhisattva, on se présente réellement comme la propriété des êtres doués de sensibilité : selon le cas, on est prêt à être une autoroute, un bateau, un plancher ou une maison. On permet aux autres êtres de nous utiliser à leur guise. Comme la terre soutient l'atmosphère et que le cosmos contient les étoiles, les galaxies et tout le reste, on consent à transporter les fardeaux du monde[1]. »

---

1. Chögyam Trungpa, *Le Cœur du sujet, op. cit.,* p. 148.

REMERCIEMENTS

Merci à Corine, Victorine, Augustin et Céleste pour cet heureux périple dans les montagnes russes de la vie. Merci de tant d'amour.

Merci à Romina Astolfi, pour son amitié inconditionnelle, merci pour son soutien sans limites, merci de m'aider à glisser jour après jour dans la confiance.

Merci à Sandra Robbiani, une bodhisattva qui n'est pas une bodhisattva c'est pourquoi je l'appelle bodhisattva.

À Mathieu Blard et Firmin Manoury pour leur générosité.

Merci à Bernard Campan, Joachim Chappuis, Alain Louafi, Yvette Tomassacci, Nathalie Rey, Geneviève Frei, Isabelle et Pierre Constantin, Nathalie et Frédéric Rauss, Dominique Rogeaux, Olivier Rogeaux, André Gillioz, Jean-Luc Bourgeois, Laurent Crampon, Pierre Carruzzo, Simon Butticat, Isabelle Roland, Pascal Lievaux et Yannick Diebold.

Merci à Thomas Römer, Adrian Stiefel et Thierry Scherer d'avoir été là au moment du grand saut dans la vérité. Merci infiniment.

Toute ma reconnaissance à Patricia Martin, François Busnel, Arnaud de Saint-Simon, Jérôme Prigent, Larry Mermelstein, Philippe Godeau, Paul Valadier, Éric Blondel, Caroline et Ilios Kotsou, Christophe et Matthieu.

À la BSR, à l'Étoile Sonore et à la Fondation Jan Michalski, infinie gratitude pour tant de soutien qui me porte quotidiennement.

Merci à toutes les policliniciennes et tous les policliniciens, merci aux carrossiers de l'âme, aux bodhisattvas et à chacun de m'épauler dans cette infinie glissade vers le *couldn't care less* et l'engagement.

Merci à vous, lectrices et lecteurs. Grâce à vous, je sais *pourquoi* je me lève le matin et votre accueil et votre présence m'aident à traverser bien des tourments.

Merci de tout cœur !

Introduction : CCL	11
Y a du boulot!	21
Changer de tactique	23
Sauter sans gilet	26
Vade-mecum	30
Qui suis-je?	42
Thérapie du jugement	45
Le saut du Bodhisattva	51
Exercice pratique	59
Inconsolable	62
Bonheur, tentatives et coups d'essai	64
La guerre des moi	68
À pas d'éléphant	73
Liquider tout lien boiteux?	79
Pharmacopée du boxeur	81
Comment gérer cette affaire?	85
Faire l'amour, heureux oubli!	88
Pour se lever du bon pied	91
Désamorcer la violence	95

Anesthésies politiques!	96
Le granit spirituel	99
Chemins intérieurs	104
Marre de soi	105
Désangoissement en vue?	108
Pas d'échappatoire	111
De la douceur, bordel!	115
Délivrance sur commande?	118
Des êtres de liens?	123
Ni existant ni inexistant	125
Culpabilité métaphysique	128
Aimer des êtres en chair et en os!	134
La cristallisation stendhalienne	136
Vigilance	140
Du moment...	148
En avoir marre de soi-même!	150
La non-lutte	152
Tranquille!	154
Méthodes à la Tilopa	156
À chacun ses préjugés, ses prisons...	159
Acceptation fantôme	162
L'affection d'un porc-épic!	164
Sans attendre...	168
Aller voir ailleurs!	171
Chiez-moi dessus!	176
Tonglen, donner-et-recevoir!	178
D'ego, niet...	180
Autoroute pour bodhisattva...	183
Memento mori	185
La paix, le repos du bourgeon	190
Patienter sans résignation	192

Amour sans douleur?	194
Retour au bercail	197
Réveille-toi	198
Le zen des toilettes	200
Dissoudre les esprits	203
Une pensée après l'autre...	205
Ordonnance des ordonnances	206

Appel pour une société éveillée : Flinguer l'indifférence,
nous engager   211

Remerciements   215

Composition : PCA
Achevé d'imprimer
par CPI Firmin-Didot
à Mesnil-sur-l'Estrée, en décembre 2021
Dépôt légal : janvier 2022
Numéro d'imprimeur : 167283

ISBN : 978-2-07-275862-1/Imprimé en France

326001